GLÜCK

O QUE UM ANO SABÁTICO NOS ENSINOU SOBRE A FELICIDADE

{karin hueck e fred di giacomo}

GLÜCK

O QUE UM ANO SABÁTICO NOS ENSINOU SOBRE A FELICIDADE

RIO DE JANEIRO | 2018

CIP-BRASIL. CATALOGAÇÃO NA PUBLICAÇÃO
SINDICATO NACIONAL DOS EDITORES DE LIVROS, RJ

H879g

Hueck, Karin
  Glück : o que um ano sabático nos ensinou sobre felicidade / Karin Hueck, Fred Di Giacomo. - 1. ed. - Rio de Janeiro : Best Seller, 2018.

  ISBN: 978-85-465-0096-3

  1. Motivação (Psicologia). 2. Sucesso. I. Giacomo, Fred Di. II. Título.

18-49698
CDD 153.8
CDU 159.947.3

Texto revisado segundo o novo Acordo Ortográfico da Língua Portuguesa.

Glück - o que um ano sabático nos ensinou sobre a felicidade
Copyrigth © 2018 da Karin Hueck e Fred Di Giacomo

Layout de capa: Túlio Cerquize
Imagem de capa: Anchiy (Istock by Getty Images)
Editoração eletrônica: Ana Dobón

Direitos exclusivos de publicação em língua portuguesa
para o mundo adquiridos pela
EDITORA BESTSELLER LTDA.
Rua Argentina, 171, parte, São Cristóvão
Rio de Janeiro, RJ - 20921-380
que se reserva a propriedade literária desta edição

Impresso no Brasil

ISBN: 978-85-465-0096-3

Seja um leitor preferencial Record. Cadastre-se e receba informações sobre nossos lançamentos e nossas promoções www.record.com.br

Atendimento e venda direta ao leitor:
mdireto@record.com.br ou (21) 2584-2002

sumário

PREFÁCIO
Vale a pena largar tudo para tentar ser feliz?...............................9

CAPÍTULO 1
Por que tirar um sabático? 19

CAPÍTULO 2
O ambiente interfere na nossa felicidade?................................29

CAPÍTULO 3
Como ser feliz no trabalho 43

CAPÍTULO 4
Aquilo que o dinheiro não compra 63

CAPÍTULO 5
Dá para ser feliz mesmo quando tudo dá errado?....................79

CAPÍTULO 6
Como hackear o seu cérebro para ser mais feliz.......................95

EPÍLOGO
Seis conselhos práticos para uma vida mais plena.................115

APÊNDICE
Minimanual para um ano sabático 121

AGRADECIMENTOS 131

*Este livro foi escrito a quatro mãos.
Optamos por usar a primeira pessoa
e indicar sempre quando a Karin ou o Fred
assumem a rédea da história.*

VALE A PENA LARGAR TUDO PARA TENTAR SER FELIZ?

O ano de 2012 não foi o ano do anunciado e temido Apocalipse Maia – muito pelo contrário. Pelo menos para mim, 2012 foi um ano memorável, daqueles de pregar na parede. Casei num dia ensolarado de agosto, cercado pelas pessoas mais importantes da minha vida, viajei em lua de mel por lugares lindos e ainda publiquei meu primeiro livro, *Canções para ninar adultos*, cujo lançamento reuniu dezenas das minhas pessoas favoritas. Se eu voltasse no tempo e perguntasse para o pequeno Fred de 9 anos de idade, criado numa vila simples de uma cidade do interior de São Paulo, se ele acreditaria que tudo isso poderia acontecer na vida dele antes dos trinta anos, aquele menino provavelmente riria na minha cara. A vida fluía com tranquilidade.

Apesar de tudo isso, algo parecia errado.

Eu e a Karin, colega de profissão com quem havia acabado de me casar, estávamos questionando como nunca a rotina que levávamos no tempo regular da vida. Sim, porque grande parte das coisas mais legais que conquistamos em 2012 (viagem, casamento e livro, por exemplo) foi criada na "hora do intervalo", aquele momento em que – depois de trabalhar mais de 8 horas dentro de um escritório envidraçado – você chega em casa e "começa a viver". Muitas pessoas ao nosso redor estavam dizendo que "a vida começa quando saio do escritório" para descrever os parcos momentos de felicidade que experimentavam entre jornadas de trabalho preenchendo formulários, participando de reuniões, olhando para a tela do computador. Cansei de ver colegas em crise com o emprego por não enxergarem um "propósito" em suas metas e naquilo que produziam em empresas grandes e modernas.

SIMPLICIDADE TRAZ FELICIDADE?

Quando cheguei a São Paulo, recém-formado, eu era uma pessoa mais simples. Meus sonhos não eram muito ambiciosos: eu queria encontrar uma pessoa legal para amar, um emprego bacana que me permitisse pagar as contas, algumas cervejas e muitos livros. Fui criado em Penápolis, no Noroeste paulista. Meus pais eram professores de Ensino Médio e eu cresci numa casa confortável, localizada em um bairro humilde, do lado de uma república de boias-frias e de costas para um cortiço. No verão, alguns vizinhos tocavam a campainha de casa e pediam mangas que lhes serviam de almoço. Anos depois, formado em jornalismo em uma universidade pública, tive a sorte de conseguir meu primeiro emprego com carteira assinada justamente na maior editora de revistas da América

Latina. Minha missão era criar sites para os títulos jovens da Editora Abril. E, para isso, eu realmente me dedicava: varava madrugadas e gastava muitas horas livres pensando como poderia deixar meu trabalho melhor.

Valeu a pena: comprei um contrabaixo e um violão, como sempre sonhei; morei em bairros bons da cidade e voltei a ver o mar depois de muitos anos. Mas, de repente, um monte de outras coisas começou a aparecer como necessidade urgente para a minha vida naquele longínquo ano de 2013: "você precisa comprar um carro", "você precisa ser promovido anualmente", "você precisa comprar o ingresso caríssimo para aquele festival cheio de bandas que você nem conhece" ou "você precisa ter uma máquina de Nespresso em casa". Tudo isso, ao que parecia, serviria para eu ser feliz.

Toda essa "cartilha da felicidade" exigia que eu trabalhasse cada vez mais para comprar coisas que seriam muito úteis se eu tivesse tempo livre para desfrutar delas. Não fazia muito sentido. Eu ficava 8, 9, 10... 12 horas no trabalho (sem contar a hora de almoço e o tempo perdido no trânsito) e, quando chegava em casa, não aguentava nem encostar no contrabaixo que tinha comprado ou tomar o café que saía fresquinho e saboroso daquela máquina superdescolada.

Apesar de ter comprado algumas das coisas que supostamente me fariam "feliz", voltei a ter ataques de pânico. Eu já havia sofrido com a síndrome, principalmente no meu terceiro ano vivendo em São Paulo – mas ela voltou a bater à porta. Como consequência, tive de começar a fazer terapia, numa tentativa de controlar minha ansiedade. Lidar com questões de saúde mental não era um privilégio meu. De acordo com estudos recentes, o Brasil tem a maior taxa de transtorno de ansiedade do mundo e a quinta maior taxa de depressão[1]. Segundo a OMS, 9,3% dos brasileiros sofrem de ansiedade. Na Grande São Paulo esse número é ainda maior: 30%.

Pegar metrô, avião ou simplesmente caminhar pela Avenida Paulista, com seus prédios imensos, era uma prova de resistência para mim. Sempre que o pânico vinha, meu coração acelerava, minha mão formigava e eu tinha a certeza absoluta de que estava tendo um ataque cardíaco. Minha alma caipira chorava com a velocidade exigida pelo meu novo lar. "É tarde, é tarde, é tarde", minha mente ansiosa parecia gritar. Foi aí que comecei a me questionar a respeito de tudo o que eu havia conquistado no ano anterior e comecei a procurar o que era realmente relevante, importante e fundamental para o meu bem-estar.

O casamento era um belo marco de entrada na vida adulta e me fazia refletir sobre o futuro. Qual seria o próximo passo? Comprar um carro, uma casa, ter filhos, vê-los crescer e esperar a morte chegar? De repente, surgiu a necessidade de não deixar mais a vida caminhar no piloto automático. Sim, parece uma coisa besta, mas é uma coisa besta fundamental: tomar decisões e se responsabilizar pelas suas escolhas é uma das grandes provas da vida adulta. Resolvi que não ia mais adotar o lema do "deixa a vida me levar", guiado por regras prontas do cotidiano. Se deixamos a vida nos levar, fica muito cômodo colocar a culpa pela nossa infelicidade nos "outros": o trabalho, os pais, a cidade ou qualquer outra coisa que possa interferir na nossa vida. Em todos, exceto em nós mesmos.

Para deixar isso mais claro, no meio dessa crise, eu e a Karin tomamos uma iniciativa bem simples: listamos as coisas que gostaríamos de fazer antes de morrer. Foi muito esclarecedor quando nos demos conta do que não estávamos fazendo (leia mais no capítulo 6). Foi assim que percebemos que nossos sonhos não estavam alinhados com o nosso dia a dia.

A VONTADE DE LARGAR TUDO

"As pessoas na maior parte das vezes tomam decisões que não são baseadas no melhor para elas, mas no que os outros acham que é o melhor." A frase é da médica Ana Cláudia Arantes, do Hospital Albert Einstein, em São Paulo. Ana Cláudia tem uma profissão que poucas pessoas suportariam ter: ela é especializada em cuidados paliativos. Ou seja, só cuida de pessoas que não têm chance de se curar. Eu a entrevistei em 2013, e foi uma conversa da qual eu não consegui me esquecer até hoje. Apesar do trabalho terrivelmente duro, a médica espalhava paz pelo pequeno escritório em que estávamos e falava coisas tão tocantes sobre seus pacientes que eu achei difícil esconder as lágrimas.

Quando perguntei se ela tinha conhecido algum paciente que chegara ao fim da vida sem arrependimentos, Ana Cláudia me presenteou com esta bela história: "Sim. São pessoas que fizeram o melhor que puderam. Me lembro de um paciente, um homem que era ateu. A gente teve essa conversa sobre arrependimentos durante um pôr do sol. Eu perguntei a ele: 'Você se arrepende de alguma coisa? Você faria alguma coisa diferente?'. E ele falou que não. Disse: 'Se eu tivesse escolhido outros caminhos, teria encontrado outros abismos, outras curvas. As decisões que eu tomei foram as melhores que podia tomar naquele momento. Eu fiz o melhor que pude. Então eu estou em paz.' Como ele era ateu, sua dimensão espiritual era em relação à natureza e ao Universo. A pessoa pode se relacionar consigo mesma, com os próximos, com o Universo ou com Deus. Cada um trabalha em uma dessas dimensões. Esse paciente se relacionava com o Universo. Então ele falava para mim: 'Ana Cláudia, olha o Sol. O Sol está morrendo. Por que eu tenho que viver para sempre se tudo no Universo nasce, tem seu desenvolvimento e morre?'. E esse homem morreu exatamente na hora do pôr do sol".

Bonito, né?

A entrevista com a dra. Ana Cláudia havia surgido a partir de uma pesquisa famosa elaborada pela enfermeira australiana Bronnie Ware. Bronnie tem uma história de vida peculiar: passou uma década trabalhando em bancos de investimento e tinha uma bem-sucedida carreira no mundo das finanças quando decidiu jogar tudo para o alto. Pediu demissão e foi viajar. Foi lavadora de pratos num resort em uma ilha paradisíaca, garçonete em um pub inglês e acabou sua fase experimental como acompanhante de uma velhinha no interior da Inglaterra. Resolveu, então, virar enfermeira e foi cuidar de doentes em estado terminal. Inevitavelmente, Bronnie se envolvia com as pessoas de que tratava: conversava com elas, ouvia suas inquietações e tentava transmitir serenidade àqueles que estavam em seus momentos finais. Foi assim que a australiana reparou que quase todos os pacientes tinham queixas comuns: sentiam muito medo, muita raiva, muita tristeza – e se arrependiam quase sempre das mesmas coisas. Eram elas:

1) Eu gostaria de ter trabalhado menos.

2) Eu queria ter tido a coragem de viver a vida que desejava e não a que os outros esperavam que eu vivesse.

3) Eu queria ter expressado mais meus sentimentos.

4) Eu queria ter mantido contato com meus amigos.

5) Eu queria ter sido mais feliz.

Os arrependimentos levantados pela enfermeira australiana me deixaram reflexiva – e fui entrevistar, do lado oposto do mundo, outra especialista em tratamentos paliativos para saber se os arrependimentos eram os mesmos por aqui. A dra. Ana Cláudia confirmou tudo. Como é de imaginar, comecei a olhar com mais atenção para a minha própria vida. Como eu poderia chegar ao final dela sem arrependimentos? Sem querer, a história de Bronnie Ware acabaria mudando meu rumo – e o do Fred também. Elas me reconectaram com um sonho antigo, o de morar um tempo na Alemanha, país de onde meu avós saíram depois de anos de guerra e privações. Percebi que, para mim, seria muito importante sair da minha vida estável e previsível para tentar coisas novas.

Foi quando eu resolvi falar com o Fred.

Eu e a Karin estávamos casados havia poucos meses. Estávamos morando juntos, tocando o dia a dia – eu estava até tentando voltar à atividade física pela trigésima vez. Tudo parecia bem. A estante de casa tinha mais livros do que nós jamais sonhávamos ter, o apartamento era confortável, tínhamos até dinheiro para comer e beber fora quando quiséssemos. A paz parecia silenciar as horas extras cumpridas no trabalho e os ataques de pânico que às vezes me assolavam. A Karin andava reclamando muito da insônia que virava e mexia a deixava acordada a noite inteira – outro sinal de que, lá no fundo, as coisas não estavam tão bem quanto aparentavam. "Tem que ser assim", o silêncio parecia dizer, "vida de adulto não é brincadeira."

Era a mudez que reinava na sala, mas a vozinha delicada da Karin fez do silêncio um momento de turbulência:

– Fred, eu sempre sonhei morar um tempo fora. Agora que a gente casou, você não vai matar esse sonho, né?

"Matar esse sonho." Quem conseguiria fazer isso com a mulher amada? O empurrãozinho da Karin foi o suficiente para que eu me lembrasse dos sonhos que trazia antes de ser sugado pela rotina do trabalho e que eu havia anotado na minha lista de metas: escrever, fazer algo útil para o mundo, ter uma vida mais simples. A guinada parecia iminente. Rapidamente a ideia de mudar para Berlim começou a parecer a oportunidade que nós dois esperávamos para reinventar a vida.

Quando olhamos ao redor, percebemos que aquela não era apenas uma inquietação nossa, algo que nos tornava especiais. Era uma inquietação de todos, de muitas pessoas de vinte e poucos anos na mesma situação – de muitos de outras gerações, inclusive. Do diretor de publicidade que vivia à base de Rivotril para seguir vendendo anúncios, passando pelo ex-chefe que, frustrado pela falta de reconhecimento, largou tudo para fazer mestrado em Londres, até chegar aos nossos pais, que, a certa altura da vida, também largaram algo certo para ir atrás do que queriam – seja para lecionar História na periferia de São Paulo, seja para morar numa cidadezinha do interior da Alemanha.

Todos nós estávamos buscando um sentido para nossa existência, algo que nos fizesse "felizes" para além da propaganda de margarina e dos posts de famílias sorridentes no Facebook. Algo que talvez você já tenha sentido aí dentro da sua cabeça. Sentimos que muitas pessoas se identificariam com nossa busca. E que era algo que se tornava mais agudo no que resolveram chamar de Geração Y ou Millennials – pessoas nascidas entre os anos 1980 e 1990, em meio a uma época de abundância econômica e de constantes revoluções tecnológicas. Estava nascendo o nosso projeto.

UM LIVRO SOBRE A FELICIDADE

Em cima de todas essas inquietações, nós começamos a desenvolver o Glück Project. ("Glück", em alemão, significa "felicidade e sorte". Nos pareceu bem significativo imaginar que para ser feliz também é preciso ter um bocado de sorte. Ou que ser feliz é sinônimo de ser sortudo.) A ideia era montar um site que tivesse a felicidade como foco principal e não como mera consequência de uma vida "correta". As fontes dos nossos posts seriam sérias, as últimas pesquisas sobre o assunto, pessoas com histórias de vida incríveis e a nossa própria experiência pessoal. Sim, porque, depois daquela conversa na sala de casa, sobre sonhos e expectativas de vida, nós pedimos demissão de nossos empregos no começo de agosto de 2013 e nos mudamos para Berlim a fim de tocar essa investigação.

Além de muita pesquisa, pretendíamos mexer também na nossa rotina. Talvez isso implicasse ganhar menos dinheiro e abrir mão de luxos, ou então trabalhar em coisas nas quais realmente acreditássemos, dedicando tempo e esforço a projetos que fossem relevantes e com os quais pudéssemos fazer diferença no mundo. Estávamos cheios de perguntas e com muito frio na barriga.

Foi desse questionamento todo que surgiu este livro que você agora tem em mãos. Ao longo do ano de pesquisa, conhecemos gente incrível, assistimos a palestras, entrevistamos pessoas inspiradoras e lemos de tudo: de clássicos da filosofia a best-sellers de autoajuda. Aprendemos muito e começamos a anotar tudo o que cada obra lida e cada pessoa que cruzou conosco nos ensinou – mas não estamos aqui para oferecer respostas prontas. O que oferecemos a você é uma carona na nossa viagem em busca de respostas que possam conduzir à felicidade. Porque, como ensina o filme *Na natureza selvagem*, "a felicidade só faz sentido quando é compartilhada".

capítulo 1

POR QUE TIRAR UM SABÁTICO?

KARIN

O dia chegou e eu não percebi. Eu estava colocando as malas no carro e conferindo pela vigésima vez se tudo – passagens, passaportes, mochilas, documentos – estava em mãos quando me dei conta: dali a pouco mais de 12 horas, eu estaria do outro lado do mundo.

Não é que eu não estivesse ansiosa – eu estava, e muito, mas as pequenas coisas do dia a dia haviam sugado completamente a nossa energia e o nosso tempo naquelas últimas semanas. Em questão de 20 dias, havíamos empacotado todo o nosso apartamento, espalhado todos os nossos bens (coisas grandes e incômodas de transportar, como sofás e geladeiras, e coisas com valor afetivo e difíceis de deixar para trás, como fotografias e coleções de livros), esvaziado nosso lar, decidido o que levar, feito as malas, organizado documentos e concluído uma interminável maratona de despedida dos amigos e familiares mais próximos. Somadas, todas essas coisas haviam aspirado os últimos dias de Brasil com tanta intensidade que, quando vi, estava sentada de mãos dadas com Fred, com o avião tremendo à nossa volta, pronto para tirar as rodas traseiras do ar. Quando a enorme estrutura metálica saiu do chão, flutuei junto com ela – de fato e simbolicamente. O ano sabático estava começando.

~~~~~

Quando chegamos a Berlim, ainda no meio do verão do hemisfério Norte, a cidade estava agitada, cheia de pessoas pelas ruas. Os parques estavam lotados mesmo durante a semana e jovens casais levavam seus filhos para passear no meio da tarde. Fiquei me perguntando como é que todo aquele pessoal poderia não estar trabalhando àquela hora. E me lembrei de como era difícil ver o céu em São Paulo no meio de um dia útil ou quão raro era ter uma tarde livre para resolver as pendências da vida – o trabalho ocupava quase todas as horas de sol, e eu tinha de me organizar em função da hora de "entrar no serviço" e "largar o batente". Tomar a decisão de parar por um ano parece difícil para nós, que estamos acostumados com o roteiro tradicional da vida. Não é fácil encaixar uma pausa no caminho lógico de colégio-faculdade-emprego-casamento-carreira-filhos-aposentadoria. Ainda mais para quem estava com tudo tão encaminhado como nós. Nem sempre precisa ser assim.

A noção de tirar um ano sabático é muito mais antiga do que a moda de blogs sobre "largar tudo" pode fazer parecer. Mais do que imaginamos. Está na *Bíblia*[2], para começar. Se você é daquelas pessoas que leram o Livro Sagrado na aula de catequese (eu não sou), deve se lembrar. Está em Levítico 25. Diz Deus a Moisés: "Fala aos filhos de Israel, e dize-lhes: Quando tiverdes entrado na terra, que eu vos dou, então a terra descansará um sábado ao Senhor. Seis anos semearás a tua terra, e seis anos podarás a tua vinha, e colherás os seus frutos; Porém ao sétimo ano haverá sábado de descanso para a terra, um sábado ao Senhor; não semearás o teu campo nem podarás a tua vinha." Ou seja, Moisés recebeu a instrução de trabalhar por seis anos e descansar no sétimo – algo parecido com o que o próprio Deus católico teria feito na hora de criar o mundo. Essa história todo mundo conhece: depois de criar a luz, a terra, a água, os céus, as aves, as baleias e tudo que havia sobre a Terra (tirando nós), no sétimo dia, Ele descansou.

Já a palavra "sabático" vem do "sabbath", termo judaico/cristão que define o descanso semanal de um dia. Entre os judeus, o dia que eles chamam de "shabbat" costuma cair no fim de semana e é um período durante o qual eles se afastam do trabalho, descansam e – entre os mais fervorosos – até se abstêm de mexer com aparelhos eletrônicos. Coincidentemente – ou não –, eu também resolvi tirar um ano de descanso depois de seis trabalhando sem parar. Para mim, também foi o número mágico que pedia uma pausa.

Fora da *Bíblia*, a tradição do sabático persistiu em alguns nichos específicos, como na academia, por exemplo. Durante muito tempo ela foi oficializada nas universidades norte-americanas e inglesas, que ofereciam a seus professores um ano de afastamento das aulas depois de seis anos de trabalho lecionando. Uma das primeiras a oferecer oficialmente tal benefício foi Harvard, em 1880[3]. A ideia era a de que, ao longo desse ano longe das lousas, o corpo docente pudesse pesquisar e elaborar novas descobertas científicas.

Algumas empresas com gestão mais moderna oferecem licenças entre seus planos de benefícios para os funcionários – às vezes remuneradas e às vezes, não. São pausas planejadas e pontuais para que a pessoa possa espairecer e voltar com mais ânimo para o trabalho. De acordo com o The Chartered Institute of Personnel and Development, 40% das empresas britânicas oferecem sabáticos não remunerados como benefício[4]. Faz sentido: em um mundo cada vez mais ditado pelas conquistas profissionais e pelos valores impressos no holerite, muitas pessoas trabalham no limite de suas energias. De acordo com uma pesquisa sobre satisfação no emprego nos Estados Unidos, 86% dos trabalhadores estão estressados com sua profissão e metade deles sente "fadiga extrema" no trabalho. Outros 60% se sentem pressionados a trabalhar cada vez mais, enquanto 83% deles gostariam de passar mais tempo com a família[5]. No Brasil a coisa não é muito melhor. Aqui, 70% dos trabalhadores registrados sofrem de estresse ocupacional . Algumas empresas foram espertas o suficiente para perceber que era melhor oferecer uma saída planejada a seus funcionários do que esperar eles surtarem de estresse e jogarem tudo para o alto.

Todos esses anos sabáticos têm uma noção em comum: a de que é preciso parar e respirar um pouquinho para absorver as coisas da vida que são importantes e que acabam expulsas da rotina. Para muita gente que resolve abraçar essa ideia, o período longe da labuta serve para se dedicar àquelas atividades que acabaram esquecidas ao longo da vida: uma segunda faculdade, o original de um livro, uma pós-graduação em outro lugar, aquele curso de fotografia dos sonhos, a aula de violão, uma viagem para a Bahia. Assim, é comum que o sabático nasça junto com um propósito. O nosso, além de descansar e morar em outro país, veio com a ideia de estudar a felicidade.

É difícil criar algo novo no meio da correria do cotidiano. Há sempre alguma necessidade mais urgente, mais inadiável e com a data de vencimento mais atrasada do que a ideia de tirar um ano para repensar a vida e, quem sabe, criar alguma coisa no meio do caminho. A nossa obra, no caso, seria o Glück. Eu sabia que éramos imensamente sortudos de poder viver um ano como aquele – mas sabia também que ele era fruto de muita organização.

Antes de resolver largar os empregos e comprar a passagem só de ida, fizemos muitas contas. Quando alguém nos perguntava do que iríamos viver ao longo daqueles meses sem carteira assinada, a resposta era fácil: dos seis anos anteriores de trabalho. Ou seja, havíamos juntado dinheiro suficiente para nos sustentar por alguns meses. E também havíamos criado uma rede de contatos que nos permitiria trabalhar a distância como freelancers caso fosse necessário. Isso é parte essencial de um ano sabático: planejamento. Parar de trabalhar sem nenhum tostão no bolso e viver de ver o mar não é um sabático, é um convite para tempos ansiosos. Quem não tem onde cair morto ou não sabe de onde vai tirar o jantar do dia seguinte dificilmente vai encontrar a paz de espírito que uma interrupção na carreira pode oferecer (falaremos mais um pouco sobre A Grande Questão "Dinheiro compra felicidade?" no capítulo 4). Para quem não tem a sorte de trabalhar em uma universidade norte-americana ou em uma daquelas poucas empresas que oferecem uma licença remunerada entre seus benefícios, não há escapatória: o sabático é um investimento. Custa dinheiro — e sabemos que nem todo mundo tem o privilégio de poder tirá-lo, não importa o quanto trabalhe. No nosso caso, decidimos nos afastar um pouco do mercado por um tempo, em vez de comprar um carro ou dar entrada num apartamento, que é a opção de muita gente. Mas todas as opções, é claro, são igualmente válidas.

Nosso plano incluía também mudar de país por um tempo – o que trouxe outros ensinamentos.

A GRAÇA DE UMA VIDA VIAJANTE

Viajar é um pouco mágico – nos transforma em pessoas diferentes e nos conecta com o presente. Percebi isso no minuto em que pisamos em solo berlinense e eu tentei desvendar os meandros do transporte público para sair do aeroporto. Comecei a enxergar tudo com olhos de novidade, como uma criança que descobre, assustada, que tem cinco dedos: reparei na forma como os prédios são arranjados, como as pessoas atravessam as ruas, o que comem no café da manhã. Tudo como se estivesse acontecendo pela primeira vez desde a existência do mundo – e de fato, para mim, estava. De repente, eu era uma estranha no ninho.

Essa sensação de deslumbramento vem acompanhada de um certo sentimento de humildade: sem conhecer direito as regras do lugar, quando estou viajando, tento fazer tudo certo para não correr o risco de dar algum fora. Começo a fingir que sei o que estou fazendo e ando pelas ruas com um falso ar blasé, tentando disfarçar o verdadeiro encantamento que sinto. Evidentemente, sou malsucedida na empreitada e acabo parecendo aqueles turistas que marcham no calçadão de Copacabana armados de máquinas fotográficas e coletes bege, prontos para um safári.

Sem saber para onde ir ou como me portar, me converto em uma pessoa melhor: começo a sorrir mais na expectativa de que alguém me ajude, me torno mais gentil, passo a usar "obrigadas" e "com licenças" com mais frequência. Como durante uma viagem dependemos da gentileza dos outros para comer e nos locomover, o melhor de nós vem à tona. "O que dá valor à viagem é o medo", resumiu o escritor francês Albert Camus. Decidir morar em um país frio e de hábitos distantes muitas vezes foi amedrontador. Que bom.

Outro comportamento que me domina quando estou em terras distantes é a abertura para o novo. Quando nos sentimos "em casa", sabemos (ou pelo menos achamos que sabemos) por quais ruas andar, em que tipo de lugar podemos almoçar e onde devemos passear para ter uma experiência agradável. Tudo segue conforme uma rotina já conhecida. Apesar de ter um mundo de possibilidades à nossa frente, acabamos caindo sempre nas mesmas opções confortáveis e conhecidas. Quando estamos viajando, porém, isso não acontece. Sem reconhecer caminhos familiares ou restaurantes favoritos, cada momento do dia é decisivo.

Mas é por isso também que coisas mágicas acontecem quando estamos longe de casa. O anonimato permite que nos joguemos em situações que, no conforto do lar, nos encheriam de medo. De repente surge aquela vontade incontrolável de cometer as loucuras a que nunca nos atrevemos antes. Por isso há tantos casos de bebedeiras malucas, amigos inesquecíveis e noites passadas ao relento em terras longínquas. "Mas você só passou dois dias longe... Como conseguiu se apaixonar perdidamente?" A resposta, para variar, está na distância. Se você não se jogou para a vida longe de casa, a dois quarteirões da sua cama é que não vai se jogar. Como disse o político inglês Oliver Cromwell, "um homem nunca vai tão longe quanto quando não sabe para onde está indo". Uma hora vira um dia, um dia vira uma semana e uma semana em algum lugar distante deixa memórias que, na vida comum, rendem para um ano inteiro.

Algumas pessoas, é claro, florescem mais no meio de viagens do que outras. Sei que sou eu a responsável por cutucar o nervo explorador no nosso casamento. Mal chego a um lugar novo e já estou pensando para onde iremos em seguida: ainda não tínhamos casa em Berlim quando descobri uma promoção de passagem para Portugal – para onde partimos poucas semanas depois. Sou eu que procuro os lugares mais distantes, os mais exóticos e aqueles que ficam a mais horas de viagem de avião para explorar – a despeito do grande medo de voar que o Fred sente e que faz com que ele às vezes seja tomado pelo desejo de me matar[6].

UMA MANEIRA DE COMPRAR FELICIDADE

Psicólogos já concluíram que as pessoas que viajam são mais felizes[7]. Eles afirmam que os passeios são a melhor coisa com a qual você pode gastar seu dinheiro, porque as experiências acumuladas com viagens são mais duradouras do que a alegria que qualquer bem de consumo pode trazer. Faz sentido. Por quanto tempo depois de comprar um carro novo você vai se sentir tão feliz quanto no primeiro dia em que andou nele? A felicidade que uma roupa nova traz para você dura quantas horas? Coisas são efêmeras. Lembranças, não. Você vai reviver para sempre aquele momento em que viu o sol nascer na praia ao lado dos amigos em uma viagem de faculdade. O carro, mesmo o mais japonês deles, um dia vai acabar no ferro-velho.

O argumento por trás dessa conclusão é o de que realizar alguma coisa é sempre melhor do que comprar alguma coisa porque nos afeta enquanto seres humanos. A lógica é existencialista: no fundo, somos a soma das nossas experiências. Quando partimos para uma viagem, estamos criando memórias que vão alterar nossa existência. Viagens costumam render experiências intensas – únicas, pelo menos –, que alteram a nossa própria identidade. No final das contas, somos o que presenciamos. (Não sabíamos na hora em que compramos as passagens para Berlim a fim de investigar a felicidade, mas o próprio ato de apertar "confirmar sua passagem" no site de viagens já estava nos tornando um pouco mais felizes.)

Para algumas pessoas, viajar pode ajudar a responder algumas das perguntas mais difíceis da humanidade, como a tarefa inimaginável de dar sentido à nossa vida. Deve ser porque viajar é um atalho para alguns dos questionamentos mais importantes que nos fazemos. Quando estamos longe de casa, é muito mais fácil nos perguntarmos se a maneira como vivemos faz sentido, se a nossa rotina é aquela que imaginávamos, se deveríamos estar fazendo alguma coisa diferente hoje.

capítulo 2

O AMBIENTE INTERFERE NA NOSSA FELICIDADE?

KARIN

Era um dia nublado de abril quando as tropas aliadas chegaram a Berlim. A Segunda Guerra Mundial – que acabaria dali a quatro meses – sobrevivia com a ajuda de aparelhos, enquanto as Forças Aliadas disputavam entre si para ver quem chegaria primeiro à capital alemã. Tomar Berlim era essencial para garantir o domínio sobre a cidade, que testemunharia naqueles próximos dias o suicídio covarde de Hitler em um bunker e era estratégica para a vitória sobre os poucos nazistas que ainda resistiam. Os soviéticos foram os primeiros a chegar. Como foi repetido à exaustão desde então, invadiram enfurecidos, determinados a destruir toda forma de resistência alemã – humana e de infraestrutura – e a vingar o sofrimento do povo russo. Viúvas de guerra foram estupradas. Os poucos sobreviventes do sexo masculino, principalmente crianças e idosos, foram mortos sem piedade – bens foram tomados, relógios arrancados juntamente com os pulsos que os carregavam. Berlim era o último lugar do mundo para se estar naquela época.

Por esses dias, resistia em Berlim uma pequena família. Escondidos em uma casa que havia sobrevivido aos bombardeios estavam mãe, pai e dois filhos adolescentes. Mal sabiam eles, mas eram um pequeno grupo de sortudos. O casal estava junto e vivo, apesar de a esposa ser de origem judaica e quase ter sido arrastada pelo Holocausto e pela morte inevitável nos campos de concentração. A mulher só sobreviveu graças ao marido "ariano" que se recusou a se separar dela. Foi, literalmente, um amor que salvou sua vida. Os filhos, um rapaz de 14 e uma menina de 12 anos, eram oficialmente "Mischlinge", uns "mesticinhos" nos termos nazistas – o que poderia ter resultado em mais deportações, mas foi omitido dos atos oficiais. E acabou salvando a pele dos dois. O rapaz de 14 estava vivo contra todas as expectativas – seus colegas de escola haviam sido convocados para a guerra, e só ele escapou. Por ter nascido no décimo dia de 1931, ele foi liberado do serviço obrigatório, que só valia para aqueles nascidos até 1930. Dez dias. Foi o que o livrou de estar na linha de frente, lutando para segurar Berlim contra os Aliados. E a família inteira não pôde acreditar na sorte que teve quando, escondidos no porão em certa noite de frio e de bombas voando pelo ar, a casa inteira tremeu. Quando saíram do esconderijo, repararam que o lar vizinho havia desaparecido junto com todos os seus moradores, destruídos por uma bomba que veio das nuvens. Dez metros salvaram nossos protagonistas. O último pedaço de sorte que tiveram foi terem escolhido, anos antes, o bairro de Zehlendorf para morar. Na divisão, esse pedaço de terra foi ocupado pelos norte-americanos – o que livrou a família da fúria soviética descrita anteriormente. Dez metros, dez dias, documentos errados, o bairro certo, um grande amor: foi o que os salvou. Sorte, na guerra, era mais essencial do que estar do lado certo.

Alguns meses depois, os quatro conseguiram fugir de Berlim. Pegaram um trem para a Áustria e depois um avião capenga para a América do Sul. Recomeçaram a vida do outro lado do Atlântico. Só eu sei como sou grata por eles terem escapado. O rapaz de 14 anos é o meu avô.

～～～～～

Hoje em dia, Berlim é uma pequena fênix no meio da Europa. A nossa chegada à cidade, 67 anos depois da partida do meu avô, não poderia ter sido mais distinta da experiência dele. Berlim estava irreconhecível. Vibrante, agitada, cheia de gente jovem do mundo inteiro, a capital alemã é, provavelmente, uma das que mais se reinventram no mundo ao longo das últimas décadas. Tudo em Berlim transpira história. Ela foi centro não de uma, mas de duas guerras mundiais. Foi destruída e reerguida duas vezes apenas no século XX. Depois, virou o epicentro da Guerra Fria, com um muro cortando sua carne e separando famílias ao longo de quase três décadas, o mesmo período em que todos os foguetes soviéticos e norte-americanos estavam apontados para lá, caso alguma coisa desse errado. Em seguida, a cidade virou símbolo do fim do comunismo, quando seu muro caiu em 1989. E, se não bastasse, tornou-se uma das capitais criativas do planeta nos anos 2000.

Desembarcar em Berlim, em agosto de 2013, depois de sempre ter ouvido as histórias da minha mitologia familiar, teve muitos significados. Ao mesmo tempo que a mudança para a cidade era também uma forma de resgatar um pedacinho da família Hueck, não dava para esquecer que os acontecimentos, em si, foram traumáticos. Meu avô, sobrevivente da Segunda Guerra Mundial e vivo até hoje, embora sempre volte para a Alemanha, nunca mais quis morar em Berlim. Diz que as lembranças são fortes demais. Ainda assim, há um pedaço da minha família – uma tia, um tio, dois primos – que mora por lá desde antes da queda do muro. A cidade, pois, nunca deixou de existir na minha vida. E o meu desejo de morar lá também não.

Berlim reflete essa contradição histórica. Ao mesmo tempo que é uma cidade inspiradora, atraente e amigável para seus habitantes, é também um constante lembrete das tristezas que testemunhou. Placas espalhadas pelas ruas lembram os terrores que aconteceram em cada canto da cidade. "29 de julho de 1940: todos os telefones de casas de judeus são cortados" ou "18 de setembro de 1941: judeus são proibidos de usar transporte público." Pedaços de pedra incrustados no asfalto demarcam onde antes passava o muro para deixar claro que o direito de ir e vir cessou de existir por lá durante 28 anos. Pequenas placas de metal diante de casas relembram os nomes de cidadãos – opositores do regime nazista e judeus – que foram tirados daqueles seus lares e deportados. A cidade inteira é um museu a céu aberto, como se afirmasse o tempo todo: "não podemos repetir os mesmos erros".

É até difícil encaixar uma história tão traumática como esta com a imagem que Berlim transmite atualmente para o mundo. Moderna e barata, a capital é o destino favorito de quem quer passar um tempo criando e produzindo seus projetos pessoais. Há 420 galerias em suas ruas – a maior concentração europeia –, e 160 mil de seus moradores trabalham na indústria criativa (que envolve filme, fotografia, arte e literatura). Toda essa gente é responsável por 10% do PIB da cidade[8]. Na região da moda – os antigos bairros turcos de Kreuzberg e Neukölln –, você precisa se esforçar para encontrar quem tenha nascido por lá.

Tal qual a Paris de Hemingway, Fitzgerald e Gertrude Stein, a sensação é a de que Berlim parece um enorme albergue, cheia de gente descolada de todas as partes do mundo apenas de passagem. Foi o caso de uma sueca que conhecemos em um piquenique no parque, organizado por um amigo argentino. Jogada sobre a grama, entre petiscos de diferentes nacionalidades, a mulher loira de pele bronzeada conversava com uma jovem da distante Moldávia quando perguntamos o que ela fazia na capital alemã. Sua resposta definiu a sensação que é morar em Berlim por esses tempos: "Ué, o que todo mundo está fazendo em Berlim: apenas vivendo." Berlim, como definiu a campanha de turismo municipal em 2009, realmente dá a impressão de ser "the place to be" – o lugar para estar. Foi o que encontramos em 2013.

RESQUÍCIOS DE GUERRA

Boa parte das características que tornam Berlim atrativa hoje em dia tem a ver com a sua história traumática. Depois da derrota em 1945, a cidade foi dividida como espólio de guerra. Os Aliados traçaram linhas imaginárias pela capital e cada um – os Estados Unidos, a União Soviética, a França e a Inglaterra – ficou com um quarto dela. O mesmo foi feito com a Alemanha inteira, que, aliás, acabou dividida em quatro setores e dois países: a Alemanha Oriental (comunista e de domínio soviético) e a Alemanha Ocidental (capitalista e sob influência norte-americana). O problema é que Berlim acabou caindo no meio do território soviético, a extinta Alemanha Oriental. Ou seja, os três pedaços capitalistas da cidade viraram uma ilha de livre mercado no meio de um país comunista.

Foi por isso que o muro foi construído – para separar os dois países que conviviam dentro da mesma cidade. Foi por isso também que o muro cercava a parte capitalista da cidade, ao contrário do que se costuma imaginar. Isso acabou tornando Berlim Ocidental uma cidade quase abandonada. Era um pequeno pedaço de terra murado no meio de uma ditadura. Ninguém queria morar ali. E restou ao governo alemão dar incentivos financeiros para que alguém se mudasse para lá. Quem aceitava essa ajuda? Principalmente jovens sem renda, universitários e artistas. Nos anos 1970 e 1980, punks e alternativos invadiram a capital, e gente como David Bowie e Iggy Pop resolveu se instalar lá. A música "The Passenger" foi escrita nos metrôs da capital alemã. Lentamente, a cidade ia ganhando status de cool e descolada. Para esse tipo de gente alternativa, compensava morar na cidade isolada – ainda mais com uma ajuda no banco.

As marcas do isolamento geográfico durante toda a Guerra Fria ainda são visíveis. Até hoje, Berlim é uma cidade vazia. Projetada nos anos 1920 para abrigar 5 milhões de habitantes, ela nunca chegou a essa cifra. Há apenas 3,5 milhões de pessoas morando por lá – e olha que o muro já caiu há quase três décadas. O resultado é uma capital com infraestrutura impecável: as ruas são largas (assim como as calçadas), os prédios são baixos, o transporte público, vazio e eficiente. Parece que ela está sempre pronta para receber mais gente.

Mais que isso: justamente por causa da falta de habitantes, durante muito tempo o preço da moradia em Berlim foi baixíssimo. Como consequência da Guerra Fria e do isolamento, a cidade ficou cheia de apartamentos vazios que foram ocupados e viraram squats – moradias invadidas que a prefeitura acabou regularizando. Uma das minhas melhores amigas de infância estava morando por lá em um ex-apartamento invadido e pagava R$ 400 de aluguel por uma residência espaçosa.

E, mesmo que a maior parte dos berlinenses não morasse em invasões, os aluguéis permaneceram baixos. Já nos anos 2000, era perfeitamente possível alugar apartamentos de dois quartos amplos nos bairros nobres da cidade por menos de R$ 1.200 – um valor incrivelmente menor do que em outras capitais europeias, como Londres e Paris. Até mesmo para padrões brasileiros e cidades de aluguel caro, como São Paulo e Rio de Janeiro, o valor era baixo. Muitos brasileiros que foram morar em Berlim – inclusive nós – gastavam menos para ficar na Alemanha do que se tivessem o mesmo nível de vida em São Paulo.

Mas nem tudo é uma maravilha por lá. Hoje, Berlim passa por um processo acelerado de gentrificação que irrita os berlinenses das antigas. É algo parecido com o que aconteceu em Santa Cecília e na Lapa, em São Paulo, no Vidigal, no Rio de Janeiro, e no centro de Recife. Os aluguéis subiram rapidamente nos últimos anos e pessoas de renda baixa acabaram sendo expulsas de suas casas e foram morar em bairros mais afastados porque não conseguiram arcar com as despesas de morar nos bairros da moda. Gente simples, que vive há décadas em bairros tradicionais, está tendo que dizer adeus a seus lares para dar espaço para os invasores que – como nós (e aqui é importante a mea culpa) – estão dispostos a pagar mais do que eles costumavam pagar de aluguel. Foi o que me lembrou uma vizinha nossa em novembro. Desesperada, ela bateu à nossa porta e despejou uma montanha de reclamações, segurando uma conta nas mãos: queria saber o que eu achava do aumento do aluguel e precisava desabafar. Ela morava no prédio com seus filhos havia dez anos, mas não estava mais conseguindo pagar as contas e pensava em se mudar. Tentei consolá-la, mas sabia, lá no fundo, que eu era uma das responsáveis por aquele aumento.

CIDADE AMIGÁVEL

Como todas as cidades do norte da Europa, a malha de transporte público em Berlim é de deixar quase todos os outros lugares do mundo com inveja. Qualquer canto mais remoto da cidade é abastecido por metrô (U-bahn), bonde (S-bahn), ônibus ou trem. Ciclovias de 620 quilômetros sublinham quase todas as vias públicas da cidade e cortam suas imensas áreas verdes para deixar o caminho ainda mais agradável. Até mesmo a topografia por lá colaborou para tornar a cidade ideal para os ciclistas: quase todas as regiões são planas. Enquanto ruas e avenidas ficam vazias, graças ao planejamento do começo do século XX, dezenas de pessoas passam ao mesmo tempo pelas ciclovias, amaldiçoando quem não estiver seguindo as leis de trânsito (de bicicleta) e ultrapassando sem dó os mais lentos e perdidos como nós. Mesmo para alguém que sempre andou de carro como eu, não havia motivo para procurar um automóvel por lá.

A natureza também colabora. A cidade tem 2.500 parques, e um quinto de seu território é coberto por vegetação[9]. Basta andar alguns metros para você trombar com a praça mais próxima. As áreas verdes são abundantes e extensas e são aproveitadas por todo mundo, o tempo inteiro. Não só para o descanso. No verão, os parques ficam lotados de crianças tendo aulas ao ar livre, trabalhadores almoçando sobre a grama e senhorinhas lendo livros na sombra. Isso está diretamente ligado à segurança.

Já estamos acostumados e nem reparamos mais, mas a vida nas grandes capitais do Brasil costuma ser trilhada atrás de grades e muros. Nossos condomínios são vigiados por seguranças e porteiros que só deixam alguém entrar mediante documento e identificação rigorosa. Os carros são camuflados por vidros fumê – recomendação da própria polícia – para que ninguém possa nos ameaçar nos faróis. Shoppings e cinemas são guardados por leis implícitas de acesso: só entra quem tiver a cara e as roupas "certas". Nada disso existe em Berlim. Por estar em um país menos desigual, ninguém sente necessidade de demarcar seu território com grades. As pessoas convivem lado a lado.

Não há porteiros nos prédios, nem estacionamentos fechados para os carros, nem grades nas janelas – e nada acontece.

A primeira casa em que moramos ficava em frente a um dos maiores parques de Berlim e o caminho para o metrô passava por uma trilha no meio das árvores. Na primeira vez em que resolvi fazer o caminho à noite, percebi que não havia nenhum tipo de iluminação no trajeto. Tremendo de medo, vi que alguém se aproximava. Foi quando reparei que a pessoa ameaçadora era uma velhinha que estava levando seu cãozinho para passear. Ou seja, não havia o que temer naquela escuridão. Se senhorinhas escolhiam levar seus cãezinhos para passear no meio da noite por entre as árvores escuras, é porque o negócio devia ser seguro mesmo.

Recentemente, questões como urbanismo e a importância do espaço público viraram assuntos "da moda" no Brasil. Ciclistas começaram a exigir seus direitos. Áreas verdes e históricas foram defendidas com unhas e dentes por ativistas que não queriam ver seus bairros dominados por construtoras, como aconteceu no Parque Augusta, em São Paulo, ou no cais Estelita, em Recife. As pessoas começaram a entender que priorizar o transporte individual, como carros, apenas levava a mais trânsito e não melhorava a vida de ninguém. Moradores começaram a lutar pelo espaço que haviam cedido décadas antes para viadutos e condomínios fechados. Ficou legal ocupar a cidade e se aproveitar do espaço público. De fato, a localização geográfica pode interferir drasticamente na felicidade, como descobrimos na nossa pesquisa. Mas a lógica é a da liberdade – poder estar em qualquer lugar, a qualquer hora, vestido da maneira que você quiser. A liberdade é um dos pilares essenciais para uma vida feliz. Também aprendemos um pouco sobre isso no nosso ano sabático.

SOBRE LIBERDADE E ESCOLHAS

Algumas semanas depois que chegamos a Berlim, uma amiga nossa nos convidou para um passeio na floresta. "Floresta?!", pensei. "Deve ser bem longe." Mas aceitei. A primeira surpresa foi que dava para chegar lá de transporte público. Umas 12 estações de metrô e apenas 30 minutos depois, comecei a reparar que a paisagem do lado de fora do vagão havia se tornado mais verde. Só mais uma estação e chegamos: estávamos no meio de uma floresta – e tínhamos ido de metrô!

Caminhamos um pouco pela trilha, observando pinheiros e carvalhos frondosos, quando chegamos a um lago. O dia estava abafado, seria um dos últimos verdadeiramente quentes daquele ano, e dezenas de pessoas estavam deitadas na grama observando a massa d'água e relaxando na natureza. Decidimos fazer o mesmo. Quando nos aproximamos, vimos algo estranho: havia pele demais exposta por lá. Estava todo mundo nu. Chegando ainda mais perto, reparamos que a grande maioria das pessoas era velha, com bem mais de 60 anos. Claro, quem mais teria disponibilidade de tomar sol numa terça-feira à tarde? E foi só quando passamos pelo meio das pessoas que vimos quão à vontade todo mundo estava. Havia um senhor deitado de lado na grama – uma perna erguida e dobrada, outra esticada e as partes íntimas arejando. Ao lado dele, uma senhora igualmente idosa, que calçava papetes, lia um livro tranquila, deitada de costas, os seios caídos cada um para um lado. Na nossa frente, outro casal de velhinhos saía devagar da água, um se apoiando no outro para não cair, ambos completamente depilados. Não foi cera quente o que agiu por lá – foi a passagem dos anos. Foi bem difícil não virar o pescoço para olhar com mais detalhes para tudo aquilo in natura. E vejam bem: não estávamos em uma área de nudismo. Era um lugar qualquer, sem demarcação.

Nos meses seguintes, veríamos pessoas peladas ou de topless nos parques dentro de Berlim também. Era um costume local, de grande popularidade nos anos 1960 e 1970, principalmente na Alemanha Oriental. Há até uma foto em que, supostamente, a chanceler alemã Angela Merkel aparece pelada curtindo a juventude numa praia.

Ver todos aqueles corpos nus deixou claro que estávamos em uma cultura distante. Ao mesmo tempo que o Brasil é conhecido internacionalmente por seus habitantes sensuais e o carnaval despudorado, aqui jamais aconteceria de tantas pessoas ficarem peladas juntas em harmonia. Ninguém estava olhando estranho para ninguém (tirando eu, é claro). Ninguém fez nenhum comentário. Ninguém se preocupou em se cobrir com cangas ou toalhas quando saía da água. O Brasil tem uma relação paradoxal com seus corpos: somos uma mistura estranha de sensualidade e recato. Você pode usar o menor biquíni do mundo, mas nem sonhe em fazer topless. Pode usar minissaia, miniblusa e maxissalto alto, mas mulher não pode reclamar depois se alguém passar uma cantada. Isso é outra diferença de Berlim. Nos 12 meses que passei por lá, não ouvi cantadas nem sofri assédio na rua nenhuma vez – assim como não ouvem besteira as meninas que decidem fazer topless nos parques berlinenses.

Ninguém por lá acha que tem o direito de invadir o espaço e discorrer sobre a aparência de ninguém. Isso é liberdade: poder andar pelo espaço público sem se preocupar com o que vai ouvir ou se alguém vai reparar em você. A liberdade de metade da população brasileira é tolhida cada vez que um estranho resolve "elogiar" uma mulher. Eu já senti isso na pele diversas vezes. Penso duas vezes na roupa que vou vestir quando preciso andar longos trajetos em São Paulo e qual caminho percorrer. O assédio sexual é tão definitivo para a qualidade de vida de uma pessoa quanto a violência – ambas limitam a liberdade do indivíduo. E tolhem a felicidade.

Liberdade foi a palavra-chave ao longo de toda a nossa pesquisa. Muitas pessoas nos enviaram relatos de suas vidas, sobre como largaram seus empregos para viver mais "livres". Algumas delas contaram como mudaram de país carregando apenas uma mala, outras narraram fins de relacionamentos sufocantes – tudo em busca da tal independência. Mas nem toda liberdade é necessariamente uma ruptura. Às vezes, trata-se muito mais de questão de perspectiva. Uma das coisas mais libertadoras que existem é aceitar que nossa vida é fruto de nossas próprias escolhas – e, principalmente, se responsabilizar por essas escolhas. Isso pode ser, é claro, largar o emprego para rodar o mundo, mas pode ser também aceitar que se é feliz justamente em um emprego estável sabendo de onde virá o dinheiro para pagar as contas. A partir do momento em que uma pessoa se enxerga ativa no desenrolar de sua vida, ela para de ser vítima das circunstâncias, uma situação muitas vezes opressora e sufocante. Liberdade não é deixar todas as responsabilidades para trás – é justamente se responsabilizar por tudo que diz respeito a seu dia a dia.

Quem nos ensinou isso foi a médica Ana Cláudia Arantes. Todos os dias, ela convive com pessoas que estão se despedindo da vida. Assim, Ana acabou se transformando em testemunha ocular da transformação pela qual seus pacientes passam quando percebem que vão morrer. "É maravilhoso. Quem trabalha com cuidado paliativo vê uma coisa muito clara: ao longo da doença, o paciente vai se aprimorando. O paciente consegue evoluir de tal forma e para um sentido da sua existência em que o bem que existe dentro dele se manifesta com muita clareza", disse ela em uma entrevista para nós.

Para que se chegue ao final da vida sem grandes arrependimentos, é essencial a sensação de que se tomou as escolhas certas. "O que as pessoas não entendem é que não é um ato de egoísmo você pensar no que é melhor para você. Você escolher algo que vai te fazer mais feliz não é maldade – pelo contrário. Imediatamente você também vai deixar mais felizes as pessoas à sua volta. O importante é não ficar se martirizando. Você faz uma escolha com 30 anos e aí aos 50 fica se lamentando: 'ai, como pude fazer aquilo!'. Isso é roubar no jogo: você é uma criatura de 50 anos julgando uma de 30, que não tinha noção do que podia acontecer. Isso é errado, não é honesto. Honesto é olhar para o momento em que você tomou aquela decisão e ver se você seguiu seu coração".

Não é libertador?

POR QUE BERLIM, ENTÃO?

Todos os aspectos que narramos neste capítulo colaboraram para tornar a nossa estadia em Berlim inesquecível. Não que a cidade seja um poço encantado de felicidade infinita onde tudo é maravilhoso o tempo todo (pelo contrário: o clima é ruim a maior parte do ano, 6 meses são passados essencialmente na escuridão, as pessoas são mais distantes, a comida tradicional não nos apeteceu, a língua é assustadora). A capital alemã foi um ótimo exemplo para entender como o ambiente ao nosso redor consegue pautar nosso estado de espírito. Em São Paulo, nós sentíamos que o desafio era se manter feliz e é apesar dos contratempos que o ambiente joga no colo de seus habitantes o tempo inteiro. Boas cidades não deveriam atrapalhar ninguém que tenha o objetivo de ser mais feliz.

Para nós, foi importante mudar para Berlim – embora não seja essencial trocar de país para trocar de vida. Viajar não é parte imprescindível de um sabático – não é nem mesmo necessário sair de casa para repensar as prioridades e criar algo novo. Nem todo mundo se beneficia das mesmas condições de clima e temperatura: há quem não aguente ficar muito tempo longe de casa ou dos amigos, por exemplo. Há quem morreria de ansiedade sem saber o que fazer da vida. Há responsabilidades – filhos, prestações do carro, casamentos – que precisam ser levadas a sério. Por isso, é importante bater sempre na tecla do autoconhecimento. Procure investigar a si mesmo: veja em que ambiente você costuma florescer e plante suas sementes. Os frutos vão ser melhores e mais saborosos assim, porque as fórmulas nunca são universais.

capítulo 3

COMO SER FELIZ NO TRABALHO

KARIN

Franz Kafka é um dos escritores mais populares do planeta. Espécie de Van Gogh das letras, o autor de *A metamorfose* não conheceu o sucesso em vida. Publicou meia dúzia de contos e novelas que tiveram repercussão mediana dentro de um grupo bem específico: o círculo intelectual dos falantes de alemão que viviam em Praga, assim como o autor. Teve uma vida sem grandes eventos: tinha um emprego estável, jamais se encontrou no amor, nunca foi um best-seller. No leito de morte, Kafka chegou a pedir que seu amigo Max Brod queimasse todos os originais que tinha deixado. Felizmente para a literatura mundial, Brod não cumpriu a promessa.

Mas o que é que Kafka tem a ver com trabalho?

No meio do nosso ano sabático, fomos de trem de Berlim até Praga, capital da República Tcheca, onde fica um museu dedicado a Kafka. Lá, aprendi sobre a relação conturbada do gênio literário com seu emprego. Durante anos, ele teve um trabalho terrivelmente burocrático em uma empresa de seguros. Gastava os dias assinando papéis, passando requisições, carimbando autorizações e analisando os casos de seus assegurados. Odiava o que fazia. Vivia reclamando que o trabalho ocupava tempo demais e o afastava de sua verdadeira paixão, a escrita. Queixava-se o tempo todo de ter que ficar dentro de um escritório das 8 às 18, numa reclamação constante com a qual muito me identifiquei. Mas, como tudo na vida, todo esse tempo perdido não foi à toa. Kafka acabou usando as experiências que ganhou no seu emprego tedioso como combustível para sua literatura genial. *O processo* e *O castelo*, por exemplo, falam de homens desesperados sugados pela burocracia e que estão lutando para fugir dela – assim como o próprio autor. Ou seja, se Kafka não tivesse tido um emprego cretino, não teria também escrito suas obras mais importantes.

Saí daquele passeio apaixonada pela ideia de escrever um livro – e aterrorizada com a perspectiva de passar a existência em um emprego banal. A verdade é que passei muito daquele "ano sem trabalhar", pensando em trabalho. Deveríamos ganhar dinheiro fazendo algo que realmente amamos? Ou haveria uma fórmula para ser feliz em um emprego comum? Será que a melhor solução não seria encontrar um emprego digno, em que trabalhássemos o suficiente para nos mantermos vivos e alimentados, e que nos garantisse tempo para encontrar a verdadeira satisfação em nossas vidas pessoais?

Essas questões não são exclusivamente minhas ou do Fred: 60% dos trabalhadores da Europa escolheriam outra carreira[10] se pudessem começar de novo. Não tenho dedos suficientes nas mãos e nos pés para contar os amigos que não estão felizes com seu trabalho.

COMO ENCONTRAR UM EMPREGO QUE TE FAÇA FELIZ?

FRED

Em geral somos divididos entre pessoas que não tiveram a oportunidade de escolher seu emprego e pessoas que puderam optar, mas tiveram que fazer essa escolha muito cedo, com uns 16 ou 17 anos, antes do vestibular. Quando eu escrevia e editava um fanzine punk, aos 13 anos de idade, lembro de dizer que nunca seguiria o jornalismo. Aquilo para mim era um hobby tão divertido quanto tocar baixo ou jogar RPG. Mas, quando chegou a hora de escolher que curso prestar no vestibular, a ideia de poder ganhar dinheiro escrevendo ou trabalhando com vídeos me pareceu interessante. Eu era um adolescente de cabelos espetados que não podia beber, dirigir ou ser preso, mas já estava sendo obrigado a escolher a profissão que definiria o rumo da minha vida e na qual eu gastaria, pelo menos, 8 horas diárias pelos próximos 50 anos.

LOUCO, NÉ?

Muitos acreditam que existem caminhos predeterminados para quem quer ter uma carreira bem-sucedida. Por exemplo, quem quer ser escritor, como eu queria, deve fazer faculdade de Letras ou de Jornalismo e seguir nessa profissão até encontrar uma editora que queira publicar seus livros, certo? Errado! Vejam o caso do escritor australiano Roman Krznaric.

Ele teve diversos empregos: foi professor universitário, jardineiro, carpinteiro, treinador de tênis e, sim, jornalista, como eu. Só depois de tudo isso é que ele acabou publicando alguns livros. *Como encontrar o trabalho da sua vida*, um deles, é muito bom para quem está procurando sentido em sua carreira. Nele, Roman defende que é possível arranjar um trabalho edificante e fugir do conformismo do "sorria e aguente", que prega que "o trabalho, para a maior parte da humanidade, é basicamente algo enfadonho" e sempre será. Roman diz que um dos grandes erros das pessoas que procuram satisfação no trabalho é acreditar que existe apenas um emprego ideal. Para o escritor, cada pessoa tem diversos "eus" e pode ser feliz em múltiplas profissões. Ele ensina, também, que um bom trabalho deve unir um propósito, o estado de flow (vamos falar mais disso no capítulo 4) e liberdade.

Pensando nisso, Roman elaborou uma pequena lista com dicas para quem está em crise com seu emprego (como nós estávamos antes de pedir demissão e viajar). Vamos lá:

1) Compreenda quais são suas confusões e seus anseios em relação a seu atual emprego;

2) Saiba que existem múltiplos bons trabalhos para os seus múltiplos "eus";

3) Realize "testes" em profissões que você acha que podem lhe agradar.

"Testes?" Isso mesmo, esses testes funcionariam como "projetos experimentais" nos quais você colocaria à prova novas opções de trabalho antes de pedir demissão do seu emprego atual. Apesar de ser uma fantasia muito bacana de se sonhar, você não precisa chegar na segunda-feira, depois de um final de semana epifânico, bater na porta do seu chefe, jogar o crachá pela janela e mudar de vida de uma hora para outra. Eu e a Karin nos planejamos bastante antes de sair dos nossos empregos. Foi uma decisão bem pensada, na qual pesamos prós e contras, fizemos cálculos e traçamos um plano. Antes dessa grande decisão, você pode:

> **a)** tentar um período sabático para testar empregos; (Que nem precisa ser de um ano, como o nosso, pode ser feito no seu mês de férias.)
>
> **b)** usar uma hora do seu dia para testar uma profissão específica; (Por exemplo: você é um contador que sempre sonhou dar aulas de contrabaixo. Como realizar seu sonho? Comece dando aulas uma vez por semana, depois do expediente, para ver se isso realmente faz sentido, e depois amplie a experiência até que a atividade seja sustentável.)
>
> **c)** conversar com pessoas que trabalham com o que você sonha fazer. (Nós procuramos fazer isso, enquanto estávamos viajando, e conversamos com empreendedores, escritores, cineastas e quadrinistas para entender melhor como funcionavam suas rotinas.)

É importante também analisar os motivos que levam as pessoas a encontrar satisfação e sentido no trabalho e são a base para começar a refletir a respeito do tipo de atividade que você poderia realizar e que o tornaria feliz. Em geral, existem cinco motores que levam à realização profissional:

1) dinheiro;
2) status;
3) a sensação de estar "fazendo a diferença";
4) prazer;
5) aptidão.

Dinheiro pode transformar qualquer emprego enfadonho em algo com sentido – especialmente quando se está precisando muito dele. Mas vale lembrar que grana é um fator que costuma atingir um limite de satisfação (como veremos no capítulo 4). Esse limite pode nos levar para a cadeia hedonista do "quanto mais dinheiro ganho, mais dinheiro gasto". É comum que pessoas que focam apenas na recompensa financeira nunca encontrem a satisfação em seus trabalhos, porque estão sempre arrumando novas coisas para comprar e, para manter o padrão de vida, precisam de cada vez mais dinheiro. Já o status faz com que fiquemos mais preocupados com o que os outros esperam e pensam de nós do que com o que realmente queremos para a nossa vida.

E quanto ao sentido?

Tenho amigos que trabalharam como executivos de grandes empresas e amigos que faziam trabalho braçal em frigoríficos no interior de São Paulo. Apesar de muitas diferenças, os dois grupos parecem concordar quando reclamam da falta de sentido no que fazem. "O castigo mais terrível para qualquer ser humano seria a condenação a uma vida inteira de trabalho absolutamente desprovido de utilidade e sentido", escreveu o russo Dostoiévski. Pensadores como Marx ou o filósofo pop Alain de Botton já abordaram a alienação do trabalho, mas vale repetir: o labor moderno alcançou formas tão complexas de especialização que o trabalhador não consegue entender o "sentido" da sua ocupação. Não estamos falando apenas de operários que apertam parafusos. Estamos falando, também, do "analista de redes sociais júnior", cuja função é apenas preencher relatórios com dados de audiência das páginas de Facebook de 33 marcas de desodorante para cachorros. Para que (e por que) ele trabalha? Qual sua função no mundo? Se você considerar que nosso "analista de redes sociais júnior" trabalha 12 horas por dia para "bater as metas" e não tem tempo ou energia para ver seus amigos, praticar um hobby ou fazer uma atividade física, entenderemos por que ele é um provável candidato a entrar em depressão, jogar tudo para o alto ou começar a tomar ansiolítico. E ninguém quer isso.

Um dos motivos pelos quais damos tanta importância ao nosso emprego – e pelo qual buscamos encontrar sentido na vida por meio deles – é porque nosso trabalho se tornou parte fundamental da nossa personalidade e de quem somos. Quando você conhece alguém, é muito comum, após descobrir o nome da pessoa, perguntar o que ela faz. Será que somos o que produzimos?

Lembro de sofrer bastante com isso assim que cheguei a Berlim. Eu tinha ralado tanto tempo na mesma empresa que "Editora Abril" era quase um sobrenome para mim. E então, de repente, estava num país diferente, onde eu não conhecia ninguém e não tinha um emprego para me definir. Quando me apresentava, eu dizia meu nome e hesitava. O que mais eu tenho a falar sobre mim? Será que minha família, minha história, meus sonhos, o lugar de onde venho e as coisas de que gosto não são tão importantes quanto o emprego que paga minhas contas? Recordo de combinar com a Karin que, a partir daquele momento, se fosse para dizer o que fazíamos, nos apresentaríamos como escritores e músicos. Era o que éramos? Sei lá, mas era o que queríamos ser. Aquela era uma oportunidade de recomeçar do zero, de criar uma nova imagem e uma nova história. Quando respondia simplesmente "eu escrevo" para um gringo que acabara de me conhecer, as coisas pareciam fazer mais sentido do que quando eu tentava explicar, em inglês, que eu era o "editor-chefe digital do núcleo infantojuvenil da Editora Abril". O que é mais fácil de definir: o que faz um agricultor ou o que faz um "editor-chefe digital do núcleo infantojuvenil da Editora Abril"? Um agricultor planta para ver um vegetal crescer, ser colhido e vendido. O resultado de seu trabalho alimenta um ser humano. Da mesma forma, um professor ensina, e um médico cura.

Freud dizia que uma das formas de ser feliz é criando. Existem diversas outras, mas vamos focar nessa. Segundo o pai da psicanálise, arte e ciência são ocupações que podem tornar mais feliz quem possui tais aptidões. Concordo plenamente. Eu me desligo de todas as minhas angústias quando toco baixo ou escrevo um conto. A música me conecta com o agora e serve como um excelente remédio contra minha ansiedade e meu pânico. Empregos criativos parecem fazer sentido mais facilmente.

Mas espera aí: e se você não se interessar por tocar contrabaixo ou pesquisar a cura para o câncer? Bom, uma das formas de encontrar sentido no que fazemos pode ser arranjar um trabalho no qual enxerguemos que fazemos a diferença para o mundo. Essa sensação é mais fácil de ser percebida se você é advogado em uma ONG, enfermeiro em um hospital infantil ou professor em uma escola pública na periferia. Trabalhos em que o objetivo final não é apenas dinheiro ou status, mas mudar a realidade a nossa volta.

E se você não sentir que seu emprego faz a diferença no mundo, como encontrar sentido no que faz? Existem outros dois fatores para encontrar sentido num emprego. O primeiro é trabalhar com algo em que você tenha talento. Isso exige que você se conheça bem o suficiente para reconhecer suas aptidões, mas também vale para uma infinidade de empregos que podem ir do chef de cozinha ao geólogo, passando pelo analista de marketing ao carpinteiro. Trabalhar com algo em que somos talentosos geralmente leva ao estado de flow, quando somos desafiados a ponto de não nos acomodarmos. (Vamos falar mais sobre o flow no capítulo 4). A outra opção para encontrar sentido em um emprego é trabalhar com algo que dê prazer. Algo que você ama.

TRABALHE COM O QUE VOCÊ AMA

KARIN

Num dia de outono alemão, tínhamos combinado de encontrar um ex-colega de trabalho para jantar em Berlim. Fugindo do friozinho (friozão?) de 5 graus, entramos, por acaso, num restaurante mexicano que tocava música brasileira. Entre uma tortilla e uma canção do Chico Buarque, nosso amigo, empolgado com os desdobramentos do Glück, nos indicou uma conhecida que tinha uma história incrível sobre largar tudo e seguir seu sonho: a Daniela Pucci.

A paulistana Daniela Pucci chegou cedo ao topo da carreira. Ela sempre foi uma excelente aluna – daquelas que ficavam em primeiro lugar da turma – e se formou em engenharia de computação na Unicamp com uma das melhores notas da história da universidade. Seu doutorado, na prestigiosa Universidade Stanford, foi o melhor do ano no seu departamento, e ganhou um prêmio internacional como o melhor de sua área em 2002. Em 2003, aos 28 anos, Daniela foi aceita como professora do departamento de engenharia mecânica do dificílimo MIT (Massachusetts Institute of Technology) – considerado a melhor universidade do mundo pelo QS World University Rankings. Nessa época, Daniela ficou conhecida no Brasil e deu entrevistas contando sua trajetória de sucesso para grandes veículos de comunicação como a *Folha de S.Paulo* e a revista *Veja*. Mesmo com tudo isso, ela não estava feliz. Vivia mergulhada em angústia e no meio de uma enorme crise existencial. Seu único prazer era dançar tango, e ela praticava cinco vezes por semana. Uma viagem a Buenos Aires lhe apresentou Luis Bianchi, dançarino profissional, e grande amor de sua vida. Depois de muita reflexão e planejamento, Daniela largou tudo para viver de dança ao lado do companheiro. "O tango tem esse poder de me ancorar no presente, no prazer físico do movimento, no prazer emocional do encontro com a música e com outra pessoa. Minha crise existencial se dissolve diante disso", explicou Daniela.

Quantas histórias de pessoas extremamente bem-sucedidas no mundo corporativo que largaram tudo para se dedicar às suas paixões você conhece? Histórias de pessoas que foram atrás de suas verdadeiras vocações?

Aliás, que diabo é uma vocação?

"Onde as necessidades do mundo e seus talentos se encontram, lá reside sua vocação", responderia o filósofo grego Aristóteles.

Essa pesquisa sobre a felicidade e seus caminhos estava começando a dar um nó na minha cabeça. Será que o sabático nos deixaria mais infelizes e confusos? Em meio a uma enxurrada existencialista de perguntas, deparei com um texto bem inspirador do designer norte-americano Jonathan Harris sobre sua própria carreira. Nele, Harris conta como, a cada punhado de anos, ele inventava o que queria fazer da vida. Uma hora era arte, outra era programação, na outra era escrever. E, para cada fase da vida, ele criou um projeto para chamar de seu e perder horas em cima dele. A graça está na inversão da lógica: ele não fazia nenhuma dessas coisas com o objetivo final de ganhar dinheiro ou fama; fazia porque sentia um prazer imenso em fazê-las.

Está aí um bom motivo para fazer qualquer trabalho: gostar muito dele. E, como ele fazia seus projetos tão bem, acabou ganhando dinheiro e fama, quase que por consequência. É mais ou menos o que diz o escritor John Green, autor do best-seller *A culpa é das estrelas*: "Não faça as coisas porque você quer ganhar dinheiro – você nunca vai ganhar dinheiro o suficiente. E não faça as coisas porque você quer ficar famoso – porque você nunca vai ser famoso o suficiente". Ou, citando uma frase falsamente atribuída a Confúcio em milhares de imagens de autoajuda do Facebook: "Escolha um emprego que você ama, e você não terá que trabalhar um único dia na sua vida".

Uma dica preciosa de Harris é quando ele diz que "se você quer se tornar um especialista ou ser reconhecido em alguma coisa, basta começar a fazer aquela coisa". Isso é verdade. Foi isso o que aconteceu com o Glück. Eu nunca tive nenhuma relação especial com a felicidade – a não ser, é claro, a de senti-la de vez em quando, fosse ao encontrar uma nota de 20 reais no bolso ou ao tomar um picolé de chocolate no verão. Bastou decidir investigar a felicidade que, pronto, já comecei a ser associada ao assunto. No mês em que lançamos o site do projeto, mais de 200 mil pessoas acessaram nossos posts. Centenas de desconhecidos nos adicionaram no Facebook. Passamos a ser procurados para dar entrevistas sobre o tema em jornais, sites, revistas e até programas de televisão. Antes de tudo isso, eu não tinha a ambição de ser especialista em felicidade – mas, de repente, o assunto fazia parte do meu mundo.

Ou seja, se eu quiser ser palhaça, é bom começar a sujar os pés no picadeiro.

Vale repetir algo que escrevemos na introdução deste livro: "a maneira como você passa os seus dias é a maneira como você passa a sua vida". Isso quer dizer que cada dia importa, porque é um pedacinho da sua vida que você está gastando. É o que deixava Kafka desesperado quando percebia que passava tanto tempo em um emprego detestável. É o que devemos ter sempre em mente. Porque, afinal, é bom não ficar desperdiçando tanta vida por aí.

NÃO TRABALHE COM O QUE VOCÊ AMA. MAS TRABALHE POUCO

FRED

É importante considerar, também, que é possível ter um trabalho que não seja sua paixão, mas que permita a você viver suas paixões nas horas vagas. Quando entrevistamos Laerte – a quadrinista premiada que criou os Piratas do Tietê, escreveu roteiros para humorísticos da TV Globo e ficou ainda mais famosa quando assumiu uma identidade feminina já depois de consagrada –, perguntamos se ela seria feliz trabalhando com algo que não fosse artístico. Sua resposta fugiu do óbvio e lembrou o conceito de "múltiplas profissões ideais" de Roman Krznaric: "Não acredito em 'felicidade' – ou, pelo menos, não gosto de trabalhar com esse conceito porque ele gera uma expectativa de satisfação absoluta que é impossível de atingir. Acredito em patamares de satisfação. Eu não estaria muito satisfeita com uma profissão menos autoral, mas também não sei dizer, porque não é o caminho que tomei. É uma consideração que só posso fazer sem base na realidade. Eu poderia ter muitas outras formas de satisfação em minha vida alternativa, mesmo com um trabalho mecânico..."

E será que dá para encontrar satisfação na vida mesmo com um trabalho mecânico? Analisemos o caso do mineiro Carlos Drummond de Andrade, talvez o maior e mais popular poeta brasileiro, que foi servidor público por 40 anos. Drummond chegou a trabalhar por quase uma década como funcionário do governo Getúlio Vargas, mesmo se opondo ao ditador gaúcho. Teria sido Drummond mais feliz como jornalista ou professor de Letras, profissões mais próximas da literatura? Ou o marasmo da repartição pública era o cenário perfeito para que ele escrevesse seus versos, como foi o caso de Kafka? Nem sempre o emprego deve ser uma pedra no caminho. Muitas vezes a opção por uma vida mais simples nos permite escolher um trabalho que nos pague menos e que nos permita ficar mais tempo com a família ou tocar um projeto paralelo. Um trabalho que permita aproveitar melhor o tempo livre.

Existe uma corrente de pensamento – que talvez tenha começado lá no século XIX com o livro *Direito à preguiça*, de Paul Lafargue – que acredita que a crença na virtude do trabalho é danosa. Lafargue defendia que deveríamos trabalhar 3 horas por dia. O ganhador do Prêmio Nobel Bertrand Russel dizia que essa carga horária deveria ser de no máximo 4 horas e as pessoas deveriam passar o tempo restante dedicando-se a seus prazeres: sendo artistas ou cientistas. Russel e Lafargue diziam que a tecnologia era um recurso capaz de libertar a humanidade do trabalho braçal desnecessário e que jornadas mais curtas distribuiriam melhor as vagas, eliminando o desemprego.

Pudemos experimentar um pouco dessa teoria durante nosso segundo semestre na Alemanha, quando, depois de desfrutar de 6 meses mais focados no Glück e em descansar, passamos a fazer alguns trabalhos como freelancers. A maioria eram trabalhos de jornalismo que pegávamos de empresas brasileiras para executar a distância. Não eram nossos trabalhos dos sonhos, mas pagavam as contas e permitiam que ainda tivéssemos bastante tempo livre.

Entre os vários trabalhos temporários que fizemos em Berlim, o que mais nos orgulhou foi o de escrever e editar um livro sobre a nova cozinha alemã. Foi um trabalho com duração de 80 dias que nos permitiu viver lá por mais 4 meses. Quando tínhamos que entregar alguma coisa, varávamos madrugadas trabalhando, mas, quando o dia estava tranquilo, podíamos dar uma volta de bicicleta ou nos deliciar com uma cerveja de frente para o rio. Não precisávamos ficar "fingindo que estávamos ocupados" para enganar nossos chefes, enquanto checávamos o Facebook escondido e contávamos os minutos para bater o ponto. Fizemos duas viagens no meio do projeto – uma para Itália e outra para o sudeste asiático –, mas mantivemos contato com nossos colaboradores via internet. Foi um trabalho memorável.

Pequenas pausas no meio da jornada são fundamentais para a criatividade florescer. Nunca me senti tão cheio de ideias quanto durante meu ano sabático. Quem disse que os trabalhadores do século XXI precisarão ficar presos em fábricas por 8 horas seguidas, como faziam no século XIX? Com mais máquinas se ocupando do trabalho pesado e mecânico, não deveríamos pensar em novas formas de lidar com as atividades do terceiro setor, das empresas ligadas à inovação e das atividades que exigem criatividade? Um grande defensor dessa ideia é o sociólogo italiano Domenico De Masi, autor do influente ocio criativo. De Masi, assim como Russel, acredita que as pessoas precisam ser "educadas" a usar seu tempo livre de modo que não se entediem e o gastem em bebedeiras, brigas e atitudes nocivas.

Assim como aprendemos uma profissão, podemos – por meio da educação – desenvolver o gosto pelas artes, pelos livros, pela ciência e por outras atividades prazerosas em nosso tempo livre: "Educar para o ócio", escreve De Masi, "significa ensinar a escolher um filme, uma peça de teatro, um livro. Ensinar como estar bem sozinho, consigo mesmo, significa também levar a pessoa a habituar-se com as atividades domésticas e com a produção autônoma de muitas coisas que até o momento comprávamos prontas. Ensinar o gosto e a alegria das coisas belas".

Não podemos dizer que nossos momentos de ócio durante o sabático não foram bem aproveitados. Sim, tivemos alguns dias de papo para o ar, sem fazer nada, mas também aproveitamos o tempo para estudar, criar e fazer coisas com que sempre sonháramos. O dia parece ganhar o dobro de horas quando nos libertamos da rotina industrial de mais de 8 horas de trabalho diário. Só pelo fato de não perder mais tempo no trânsito e de não ser mais obrigados a gastar nossa hora de almoço "na firma", já nos sentíamos muito mais livres. A Karin fez um curso rápido de produção de filmes, pintou aquarelas, aprendeu caligrafia pela internet e escreveu um livro sobre contos de fadas. Eu, finalmente, tive tempo para ler os clássicos da filosofia, praticar meu inglês, fazer um curso de storytelling e assistir a uma lista de filmes que me ajudaram a escrever o roteiro de um longa. Ler Sêneca ou Montaigne me ajudou tanto a ser uma pessoa menos pior quanto a escrever textos para o Glück. Aprendi mais nas dezenas de palestras do TED a que assisti de graça via web do que em 4 anos de faculdade. As coisas que preencheram nossas horas vagas foram uma mistura de prazer com cursos livres que nos ensinavam a viver uma vida melhor. Tenho certeza de que muitas delas nos ajudarão, inclusive, em futuros trabalhos. Com mais tempo disponível, pudemos nos dedicar aos afazeres domésticos – cozinhando diariamente, limpando a casa, montando móveis e lavando roupa. Se isso não pode ser chamado de ócio criativo...

No entanto, como tudo na vida, há um preço a pagar por uma escolha. Para quem pensa em largar a atual rotina de mais de 12 horas de batente, temperada por estresse e trânsito, para se dedicar a um trabalho de meio período ou a um ano sabático, mais uma dica prática: liste todos os seus gastos mensais detalhadamente. Depois, classifique cada item como "eu quero" ou "eu preciso". No mês seguinte, tente cortar os itens marcados como "eu quero" pela metade. Você vai perceber como a vida pode ser mais barata.

Assim como quem recebe um aumento costuma gastar o dinheiro extra sem perceber, quem opta por uma vida mais simples costuma perceber que é possível viver com menos, tendo mais tempo para seus pequenos prazeres. Lave sua própria privada, adote a bicicleta, deixe de comer fora de casa e troque a televisão pelos livros da sua biblioteca pública. Uma vida mais simples é possível. Nós adotamos isso em nossa estadia em Berlim e nunca fomos tão felizes. Quando conversamos com a Daniela Pucci – a professora de engenharia que virou dançarina de tango –, ela nos contou um pouco sobre essa adaptação financeira: "Não dá para ignorar completamente o aspecto financeiro, já que temos necessidades básicas que precisam ser atendidas. Talvez seja necessário planejar uma mudança gradual, quem sabe até mesmo parcial, e reavaliar o estilo de vida para poder adaptar-se a um poder aquisitivo ou uma estabilidade reduzidos".

A FELICIDADE DO TRABALHO MANUAL

Para terminar este capítulo, vamos voltar no tempo até o dia em que a minha bicicleta quebrou. Assim que chegamos a Berlim, uma das primeiras coisas que fizemos foi arranjar bicicletas para rodar a cidade. Estávamos felizes porque pudemos aposentar o carrinho da Karin (e com ele a manutenção, a gasolina e o estacionamento) e passamos a ter uma vida mais saudável, mais barata, mais sustentável e com menos tempo perdido no trânsito. A minha bike eu descolei com um grande amigo brasileiro que estava voltando para o nosso país. Ela era velha, os freios não funcionavam e o pneu estava mais careca que o Marcelo Tas. Mas era grátis.

Fazia um dia ensolarado, no finzinho do verão alemão, e nós andávamos pelas ruas planas do bairro turco de Kreuzberg, com o vento no rosto e a sensação de redescobrir a liberdade. De repente, a corrente da bike, toda enferrujada, escapou da correia e se enrolou em dezenas de nós de metal difíceis de desfazer. O pequeno acidente nos trouxe de volta à vida comum. Precisávamos arrumar a bicicleta, porém não tínhamos a mínima experiência com aquilo. A sensação de não conseguir consertá-la foi de irritação e impotência. Pouca gente fala sobre o prazer da manutenção de bicicletas. Do trabalho manual. E é disso que queremos falar agora.

Sempre que viajamos, percebemos como a relação com o trabalho manual é diferente longe do Brasil. Em Berlim, ninguém tem empregada doméstica, babá ou cozinheira. Mesmo pessoas da classe média ou média alta. Todo mundo arruma sua própria casa e lava sua louça. Assim, exercem muito mais atividades domésticas e manuais. No Brasil, muita gente se revoltou quando as empregadas domésticas conquistaram o direito de serem registradas acordo com a CLT – o que é, por si só, um absurdo.

Já em Berlim, quase tudo segue a lógica do "faça você mesmo". Você monta seus móveis, limpa seu banheiro e faz seu próprio exame de infecção urinária no hospital. A mão de obra é cara e eficiente. Um bar descoladinho tem apenas uma pessoa trabalhando por turno. Ela não vai atender os clientes em cada mesa. Os clientes caminham até o balcão para se servir e depois devolvem os pratos e garrafas sujos. Ninguém se revolta com isso. O funcionário ganha tão bem quanto, digamos, um designer de produtos e tem uma vida decente. Por isso, não há preconceito contra certos tipos de emprego "menos qualificados". Em Berlim os moradores de rua olham você nos olhos. No Brasil, eles são invisíveis. A relação entre isso e o trabalho manual é direta.

O trabalho manual no Brasil não é considerado "coisa de cidadão" desde o começo da nossa história. Como na Grécia antiga, onde os escravos trabalhavam e os cidadãos pensavam e produziam arte. Até hoje, pega mal você sujar suas mãos e resolver seus próprios problemas.

Duvida? Olha o que dizia o governador das capitanias reunidas do Rio de Janeiro e São Paulo, Antônio Pais de Sandes, em 1693, sobre os paulistas: "São briosos, valentes, (...) e adversíssimos a todo ato servil, pois até aquele cuja muita pobreza lhe não permite ter quem o sirva, se sujeita antes a andar muitos anos pelo sertão em busca de quem o sirva, do que a servir a outrem um só dia." Sim, você leu de forma correta, o paulista do século XVII preferia passar anos caçando outros seres humanos nativos para serem seus escravos a sujar suas mãos numa enxada. Ninguém vinha para o Brasil para ser "colono" na época da nossa "colonização". Os brancos europeus abriam mão de sua pátria para virarem senhores. Para serem pequenos reis. Claro que a coisa mudou um pouco no final do século XIX, quando imigrantes europeus vieram trabalhar no Brasil com a abolição da escravatura e a industrialização. Não por acaso, nessa época também passamos a ter uma classe média maior que vivia entre os senhores e os servos.

O fato de trabalho manual ser considerado "inferior" é um grande atraso para o Brasil. Isso divide o país entre castas e gera uma dificuldade de que nos enxerguemos todos como cidadãos. Faz com que até hoje seja confortável para uma parte das pessoas que a "outra" nunca ascenda socialmente e possa continuar sendo serva, ganhando mal e se ocupando de trabalhos menos "dignos". Faz com que a gente divida o Brasil sempre entre "nós" e "eles". Entre a pista e a área VIP. Entre a escola particular e a escola pública. A turma do abadá e a da pipoca. Enfim, você entendeu. Você vivencia isso em seu cotidiano. E faz com que as classes médias e altas abandonem qualquer possibilidade de encontrar a felicidade em trabalhos manuais.

Todos perdemos.

No best-seller *Zen e a arte da manutenção de motocicletas*, o filósofo americano Robert M. Pirsig começa sua reflexão pensando no prazer que tem ao cuidar de sua moto. Pirsig trabalhava na época escrevendo manuais de instrução. Ele dizia que o trabalho manual foi muitas vezes rejeitado pelos românticos como algo desprezível em comparação às grandes artes, mas questiona se não é esse trabalho, também, uma forma de arte. E ainda: "Para melhorar o mundo, devemos começar pelo nosso coração, nossa cabeça e nossas mãos, e depois partir para o exterior. Os outros poderão imaginar maneiras de expandir o destino da humanidade. Eu só quero falar sobre o conserto de motocicletas." "O trabalho produz brio", acrescenta mais adiante. O livro de Pirsig é profundamente influenciado por outro, o pequeno *A arte cavalheiresca do arqueiro zen*, do alemão Eugen Herrigel, que introduziu esse pensamento milenar no mundo ocidental. Nesse livro curto, Herrigel estuda um pouco a forma de relacionar um trabalho manual com o desenvolvimento espiritual (" a obra interior que ele deve realizar é muito mais importante que as obras exteriores"). Quando recebe os ensinamentos de um mestre japonês, Herrigel é estimulado a focar na atividade que está exercendo, no presente, e não na angústia do amanhã. Drummond e Kafka provavelmente sabiam do que ele estava falando.

O prazer de vivenciar e valorizar o hoje que as formas de arte e criação nos dão também pode ser encontrado no trabalho manual. E a valorização desse trabalho é também uma forma de reduzir o ódio e a desigualdade que dividem nosso país. Devemos nos tornar uma nação em que o pedreiro e o engenheiro ganhem decentemente e na qual as pessoas possam escolher se querem ou não se transformar em pedreiros ou engenheiros. Um país com opções. Uma pequena mudança de mentalidade que pode trazer mais alegria ao indivíduo e à sociedade.

capítulo 4

AQUILO QUE O DINHEIRO NÃO COMPRA

FRED

"Faça um bom concurso público. Se não fosse meu concurso, eu não poderia ajudar nossa família." O mantra para a felicidade do meu avô paterno era repetido entre almoços, cafés e festas de família desde que ele nasceu. Ex-porteiro, ex-vaqueiro, ex-jogador de futebol, Josemir Correto da Rocha nasceu na Bahia, há 89 anos. Com a ajuda da esposa, pagou a faculdade de Direito em uma instituição particular. Sofria preconceito por ser um dos poucos nordestinos na PUC. Ele – que migrara da Bahia para São Paulo de carona num avião do exército – sempre reforçava, em seus conselhos, a importância do dinheiro e da segurança. Era preciso ganhar dinheiro para garantir a vida – e a vida só era dura para quem era mole.

Já meus pais rezavam outra cartilha, a do ideal e dos sonhos. Acreditavam que você deve trabalhar com o que ama, mesmo que esse seja um amor ingrato, que não traga dinheiro. Meu pai começou a faculdade de Direito em 1979, seguindo os caminhos de Josemir, mas resolveu largar tudo para mudar o país. Trocou o futuro promissor como advogado pela vida dura de professor de História, lecionando em escolas públicas da periferia. Ele e minha mãe começaram suas carreiras no Jardim Ângela, um dos bairros mais violentos de São Paulo, apostando em uma revolução pacífica na qual as armas seriam os livros. Acreditavam que a única ferramenta capaz de diminuir a desigualdade e democratizar a felicidade seria a educação. Fazia todo o sentido. É difícil acreditar, mas uma educação pública de qualidade pode ser o atalho que leva alguém a escapar da miséria. Pensando mais profundamente, o filósofo Bertrand Russel dizia que "a vida virtuosa é aquela inspirada pelo amor e guiada pelo conhecimento". Ou seja, o conhecimento é ingrediente essencial para que o homem possa alcançar a felicidade.

Mas qual dos caminhos estaria certo? O do meus pais ou o do meu avô?

DINHEIRO NÃO É TUDO. MAS É 100%?

"Não resta dúvida de que o homem sábio tem o campo mais vasto para desenvolver o seu espírito em meio à riqueza do que na pobreza. Na pobreza, a virtude consiste em não se deixar abater, não cair em desalento. Na riqueza existe oportunidade para a temperança, a generosidade, o discernimento, a magnificência com total liberdade." Quem cravou esse pensamento foi o filósofo romano Sêneca, que viveu entre 4 a.C. e 65 d.C. Nascido em Córdoba, Sêneca foi conselheiro do imperador Nero, "mochilou" pelo Império Romano e escreveu diversas peças de teatro e tratados de filosofia. Entre seus escritos estão *Da felicidade* e *Da vida retirada*, tratados nos quais se defende dos que o criticam por elogiar uma vida simples, apesar de sua origem abastada. Para Sêneca, a vida não deve ser focada em enriquecer e nem devemos achar que a solução para a felicidade é o dinheiro. Isso não significa, no entanto, que o ser humano deve ter uma existência miserável. "Não é questão de luxo, não é questão de cor, é questão que fartura alegra o sofredor", concordaria Mano Brown, rapper criado no Capão Redondo, periferia de São Paulo, vizinho do Jardim Ângela, onde meus pais começaram suas vidas profissionais.

Outro grande filósofo clássico, o grego Epicuro dedicou boa parte da sua existência a refletir sobre a felicidade e o prazer. Epicuro considerava a autossuficiência um grande bem. "Não que devamos nos satisfazer com pouco", ensinava, "mas devemos nos contentar com esse pouco, caso não tenhamos o muito." Ou seja, habituarmo-nos a uma vida simples evita o sofrimento da perda e aumenta o gozo dos momentos de bonança. Devemos ter o dinheiro como um servo e não como mestre. "Qualquer um pode tirar a riqueza do sábio, mas não lhe tiram os bens verdadeiros, porque ele vive no presente e está despreocupado com o futuro", completa Sêneca. É interessante reparar como esses pensamentos dos sábios ocidentais se aproximam da filosofia budista, quando esta diz que o sofrimento vem do desejo. Sofremos porque desejamos o que não temos, seja isso dinheiro, poder ou amor. Sofremos porque – ansiosos – passamos muito tempo pensando no futuro e nos esquecemos de desfrutar do presente.

E o que a ciência tem a dizer sobre isso?

É POSSÍVEL COMPRAR FELICIDADE?

Contrariando a sabedoria popular, dinheiro pode não comprar felicidade, mas ajuda a ser feliz. Há até mesmo um limite de quanto dinheiro é necessário para sermos felizes. É o que revela uma pesquisa da Universidade de Princeton[11] que constata que quem ganha 75 mil dólares por ano, nos Estados Unidos, é mais que feliz do que quem ganha 5 mil dólares por ano. Só que essa proporção não segue infinita. Se você ganhar 5 milhões de dólares, por exemplo, não será mais feliz do quem quem ganha os 75 mil dólares anuais. Por quê? Porque dinheiro traz felicidade enquanto garante saúde, educação, moradia e aposentadoria decentes. Enquanto tira você da pobreza e joga na classe média. Fora isso, tanto faz quanto você ganha. Por essa razão, é injustiça dizer para um miserável que dinheiro não importa, mas é tolice passar sua existência sendo escravo de uma rotina árdua para ficar cada vez mais rico. O caminho do meio (como já ensinaram Aristóteles, Buda e um punhado de outros sábios antes) parece ser sempre o mais satisfatório.

Talvez isso explique um pouco a história do nosso sabático. Na minha adolescência em Penápolis, eu e meu irmão quase nunca tínhamos dinheiro para sair no final de semana. É claro que, quando cheguei a São Paulo e comecei a trabalhar, senti que valia a pena ralar muito para conquistar estabilidade financeira, plano de saúde e quantos cachorros-quentes eu quisesse comer. Esse primeiro "salto social" dava ao meu trabalho todo o sentido de que eu necessitava. Foi ele que pagou minhas viagens para fora do Brasil, meu curso de inglês e meus discos de vinil. Mas depois de um ponto, as horas extras trabalhadas começaram a não valer tanto, mesmo que acompanhadas de algum aumento salarial. Parecia que o dinheiro só comprava felicidade até um certo ponto mesmo. A mudança para Berlim pareceu reequilibrar a balança. Eu não tinha regredido para a situação de instabilidade da minha adolescência, contudo minha vida era mais simples do que em São Paulo e o trabalho já não era o foco da minha existência. Eu mantinha as coisas boas do dinheiro, mas sem os pequenos luxos que me escravizavam. Havia tempo para o lazer, o amor e as novas amizades.

A ciência diz que existe outra forma de o dinheiro fazer bem. Segundo o cientista social Michael Norton, é possível comprar felicidade quando você usa sua grana para ajudar os outros. De acordo com suas pesquisas, quando você compra algo para alguém ou quando ajuda o próximo, fica mais feliz. Legal, né? Encaixa bem em um dos ensinamentos budistas do Dalai Lama: "se você ganhar muito dinheiro, coloque-o a serviço de ajudar os outros, enquanto você for vivo".

MISÉRIA COMPRA INFELICIDADE

Quando eu estava no Ensino Médio, minha escola organizou uma pequena excursão para "conhecer a realidade e a pobreza do Brasil". Iríamos sair na última aula para visitar uma família carente cuja mãe criava sozinha uma filha que tinha contraído HIV e um filho que agora estava preso. Iríamos entregar uma cesta básica para eles e conversar sobre a vida dura que levavam. A intenção das freiras que dirigiam nossa escola de classe média no interior do noroeste paulista era boa. Elas achavam que os meninos da elite penapolense precisavam valorizar suas vidas tranquilas e solidarizar-se com os que tinham nascido sem condições. Talvez a ideia fosse estreitar as pontes entre quem só convivia com pobres e negros quando estava com suas empregadas ou babás. Eu me sentia incomodado com a situação; apesar de entender a intenção didática da escola, aquilo também lembrava um passeio por algum tipo de zoológico humano. Algum tipo de espetáculo para "assistir" sem realmente enxergar as pessoas que estavam ali.

Deu o sinal da última aula e fomos todos com nossos uniformes vermelhos para uma Kombi lotada de boas intenções fundidas ao clima de uma alegre excursão para Porto Seguro. Rapidamente percebi que aquele caminho que a Kombi fazia não me era estranho. "Opa, pra onde estamos indo? Eu conheço esses vira-latas, essas casas de muro baixo, essas ruas esburacadas. Conheço essas tiazinhas sentadas na calçada, os pés calçando Havaianas pedalando de volta pra casa, os moleques empinando pipa com cerol no bairro."

Meu bairro.

Naquela hora, percebi que a casa dos "pobres" era a casa dos meus vizinhos. Literalmente. Ficava a meio quarteirão de casa, na Vila São João. O cara que estava preso era amigo de um colega. Quando chegamos na pequena e humilde casa de muro de madeira, eu pulei da Kombi correndo, caminhei vinte passos e entrei em casa. Sentia um misto de vergonha, raiva e humilhação. Tinha vergonha tanto dos meus vizinhos acharem que eu era um playboy quanto dos meus colegas de classe me verem como mais um "pobre" do bairro. Eu não queria despertar pena ou inveja nas pessoas. Queria ser olhado de igual pra igual, olho no olho.

～～～

Esse foi um dos eventos mais simbólicos de uma vida passada entre dois mundos que no Brasil parecem pouco conversar: pobres e ricos. Filhos de médico e filhos de pedreiros. Loiros de sobrenome europeu e afro-brasileiros da Silva e de Jesus. Pessoas que entravam ou não entravam na balada, que eram ou não sócios do "Clube Penapolense". Dois mundos ligados pela extrema desigualdade social. E a desigualdade influencia diretamente na nossa felicidade.

O que mais faz a diferença quando se compara a qualidade de vida entre os países ricos não é quem tem o maior PIB ou renda per capita, mas quem tem melhores índices de distribuição de dinheiro. É o que comprova o estudo do epidemiologista social Richard Wilkinson[12]. Sociedades ricas com menor desigualdade (como Japão ou Noruega) têm menos doenças mentais, menos pessoas presas e menor criminalidade que países ricos mais desiguais (como os Estados Unidos). É interessante notar que países com maior desigualdade costumam ter punições mais cruéis e até maior tendência a aplicar a pena de morte. Como nesses países quem faz e executa as leis (geralmente os ricos) não tem empatia por quem é condenado (geralmente os mais pobres), fica mais fácil jogá-los por anos numa prisão ou matá-los por não os enxergar como "iguais". Vale lembrar que países com menores índices de desigualdade (como a Suécia) estão desativando suas cadeias por falta de prisioneiros. Em nossa viagem pelo sudeste asiático, visitamos países mais pobres que o Brasil (como Vietnã e o Camboja), mas que eram menos violentos. Um detalhe: eles eram mais pobres, porém menos desiguais.

Wilkinson acrescenta, inclusive, que o American dream – que prega que quem se esforça mais pode subir na vida – é mais fácil de ser alcançado em democracias igualitárias, como a Dinamarca, do que nos próprios Estados Unidos. Ou seja, em países desiguais, como o Brasil ou os EUA, ter um pai rico conta mais que seu próprio mérito, já que a tendência "todo mundo já conhece: o de cima sobe e o de baixo desce". Sim, mesmo que você se esforce muito, o seu lugar de origem acaba influenciando sua jornada.

É engraçado quando as pessoas falam que "se esforçando" todo mundo consegue o que sonha. No meu colégio particular, quem era bom aluno entrou em universidade pública direto. Quem era mediano entrou em faculdade particular direto ou fez um ano de cursinho e passou na pública. Quem era muito preguiçoso e folgado fez dois anos de cursinho (ou três) e também entrou em alguma universidade. Teve até gente que era o pior aluno da classe e no final se formou médico em universidade caríssima. Eles tiveram muitas chances. No meu bairro humilde, a coisa era diferente: você tinha (no máximo) uma chance de passar numa faculdade pública. Se não, ia trabalhar com qualquer coisa. Se com seu trabalho você conseguisse dinheiro suficiente, podia tentar entrar (e pagar) uma particular ali na região, fazendo bate-volta toda noite.

Eu acredito, sim, que pessoas que se esforçam muito podem nascer na favela e terminar milionárias, no entanto não dá para dizer que as chances são iguais para todos. Amigos pobres que liam Nietzsche e Augusto dos Anjos no ginásio ainda estão na minha cidade sem curso superior, enquanto os piores alunos da minha escola particular são engenheiros, médicos e advogados. Juro que o grande esforço destes, enquanto eu me matava de estudar, era jogar futebol, paquerar meninas no clube e ficar inventando novos apelidos para a mãe alheia na sala de aula. Algumas mesadas eram maiores que o salário do meu primeiro estágio.

Isso deixa claro que todo mundo precisa de ajuda. Para falar mais sobre essa teoria, vou passar a palavra para a Karin, que vai levá-los a um rápido tour pelo mundo animal e contar um pouco sobre sua infância.

TODO MUNDO PRECISA DE AJUDA

KARIN

Nenhum animal vem ao mundo tão indefeso quanto o ser humano. Nascemos imaturos depois de nove meses de gestação, com o cérebro ainda em desenvolvimento. O resultado é um bebê que não sabe fazer nada. Todas as outras espécies são mais espertinhas. Se você já espiou algum canal de vida animal, reparou que qualquer bicho – do jacarezinho ao bebê girafa – nasce mais pronto do que nós.

Peguemos o exemplo do bebê girafa. Depois de despencar de uma altura de quase dois metros ao nascer, ele fica uns minutinhos deitados no chão ainda enrolado na placenta. Mas não tem moleza para ele. Rapidamente, a mãe começa a lambê-lo, a erguê-lo com a cabeça, como se dissesse: "chega disso, vai viver". E, lentamente, o bebê girafa começa a se equilibrar sobre as pernas bambas. Leva uns quatro ou cinco tombos de cabeça, balança mas não cai, e sai andando já na primeira hora de vida. Nós somos um pouco mais demorados que isso. Um bebê humano precisa ser alimentado, lavado, aquecido, estimulado e cuidado por anos e anos antes que consiga viver independente. Demora meses para que tenhamos dentes. Um ano para que andemos. Dois para que consigamos formular uma ideia. Meses para que paremos de colocar qualquer coisa possivelmente venenosa na nossa boca que possa nos matar a qualquer momento. E, até lá, precisamos de ajuda. Muita ajuda. Eu recebi muita ajuda na vida. Primeiro, dos meus pais, que não só me agasalharam e alimentaram quando nasci, como também tiveram a paciência de me educar e ensinar tudo o que um humano funcional precisa saber. Aprendi a comer sozinha, a me vestir, a usar corretamente o "obrigada" e o "por favor" em uma conversa e, a certa altura, até a usar o papel higiênico com proficiência. Aprendi a andar, a pedalar uma bicicleta, a jogar amarelinha – aprendi até mesmo a falar alemão quando ainda era pequenininha. Posso dizer que levei muitos empurrõezinhos que foram decisivos para toda a minha vida já nos primeiros anos de existência.

A ajuda foi financeira também. Como é de esperar, vim ao mundo sem um centavo sequer. E tive tudo pago pela minha família: as fraldas, que ainda eram de pano na década de 1980, as frutas e os legumes para a papinha, a roupinha que me tornava um bebê "cuticuti". Como é sabido, ter um filho é um negócio caro demais, e continuei recebendo dinheiro dos meus pais para as mais inúmeras atividades: comprar um tênis novo quando o velho ficou apertado, pagar o ingresso do cinema na adolescência, entrar nas aulas de natação e inglês. E teve, claro, o dinheiro da mensalidade do colégio, um desses bons de São Paulo. Tive muita sorte de nascer em uma família que pôde pagar tudo isso para mim. Recebi muita ajuda para virar o ser humano que sou hoje – muito mais que o bebê girafa teve, coitado, que ficou só com umas lambidas e um empurrão.

E com todo mundo ao meu redor aconteceu a mesma coisa. Pessoas se apaixonaram, casaram, viajaram o mundo, arranjaram empregos – sempre com a mãozinha de alguém. Alguns amigos já realizaram o sonho da casa própria, mas não conheço quem tenha juntado a grana sozinho; alguém sempre deu uma forcinha. A vida é um imenso toma lá dá cá, e faz sentido. Nenhum homem é uma ilha, diz o clichê. A vida já é suficientemente dura e longa para que passemos por ela sozinhos. E diversos estudos apontam que rodear-se de pessoas queridas é um fator importantíssimo para encontrar a felicidade.

Dá para usar o mesmo raciocínio com os países. As nações que mais ajudam seus cidadãos são também aquelas com os melhores níveis de qualidade de vida. Os mais famosos são os nórdicos. Na Finlândia, todas as mães – ricas ou pobres – ganham um kit para bebês recém-nascidos, que inclui fraldas, meias, roupas, um bercinho e toda a sorte de apetrechos necessários para um bebê sobreviver às primeiras semanas. Na Suécia, a licença-maternidade é de 480 dias, que podem ser distribuídos entre a mãe e o pai, dando aos homens também a chance de ver seus rebentos se desenvolverem no começo da vida. Na Dinamarca, qualquer remédio para jovens de até 18 anos pode ser retirado de graça na farmácia. Na Alemanha, onde passamos um ano, há o seguro-desemprego, o famoso Hartz IV, que paga até R$ 1.600 durante um tempo indeterminado para quem não consegue encontrar um emprego que lhe agrade. Nesses estados de bem-estar social, a ajuda vem do governo. O estado entende que um empurrão ou dois vão fazer a população chegar mais longe. Sabem que nem todas as pessoas têm a sorte de nascer em famílias que podem pagar as infinitas contas da vida. É importante lembrar que muitas vezes a sua felicidade e a sua segurança dependem de que as pessoas à sua volta também estejam felizes, seguras e tenham condições decentes de vida.

Quem critica essa ajuda – dizendo que ela cria pessoas que vão se acomodar com o dinheiro fácil – não se lembra de todas as ajudas que recebeu ao longo da vida. Ninguém se dá realmente bem sem a ajuda de muita gente ao redor – seja dos pais, da comunidade em que vive, ou do Estado. Por definição, a vida já é dura o suficiente: cheia de frustrações, separações, tombos, despedidas. Todo mundo precisa de ajuda porque é difícil demais se erguer sozinho.

Que o diga o bebê girafa.

UMA VIDA SIMPLES NÃO É UMA VIDA MISERÁVEL

"Uma vida simples é aquela em que temos suficiência de recursos para viver, prover futuro e repartir", define o filósofo Mario Sergio Cortella. Assim como Epicuro e Sêneca, Cortella defende as vantagens de uma vida simples sem cair na ode à escassez. E como podemos simplificar nossas vidas sem morrer de fome?

É realmente difícil. Nossa própria natureza favorece o hábito de acumular coisas: nossos cérebros foram desenvolvidos em épocas em que os recursos eram escassos, e aprendemos a juntar e a guardar tudo que estiver ao nosso alcance, caso tempos difíceis se aproximem. Ainda assim, há alguns seres iluminados que conseguem controlar seus impulsos, viver com menos – e sobreviver para contar a história. Pessoas como o brasileiro Eduardo Marinho, que abandonou uma vida de classe média para viver nas ruas e procurar um sentido para a vida. Ou o fotógrafo norte-americano Everett Bogue, que possui apenas 100 objetos – incluindo nessa conta cuecas e meias. Para ele, é importante que cada um dos seus bens seja produzido por um artista, no sentido mais amplo da palavra: mais vale comprar uma roupa feita por uma costureira à mão do que 10 peças na C&A; melhor tomar uma xícara de café plantado numa fazenda perto de casa do que encher a pança de capuccino do Starbucks todos os dias. Sua teoria é bem sedutora.

Mas talvez o caso mais emblemático seja o do norte-americano Graham Hill, que, ainda nos anos 1990, ganhou rios de dinheiro com uma bem-sucedida empresa de tecnologia. Com menos de 30 anos, ele comprou uma casa de 4 andares e todos os bens de consumo com que sempre sonhou. Mas sua vida se tornou complicada: cheia de contas para pagar, gadgets para mandar para o conserto e propriedades para restaurar. Quando se apaixonou por uma espanhola e se mudou para Barcelona, Hill também decidiu viver com menos. E nunca mais voltou para o consumo. Hoje, mora num apartamento de 39 m^2, dorme numa cama dobrável na parede e possui apenas seis camisetas. Abriu uma empresa que se chama Life Edited ("Vida Editada"), que ajuda pessoas a gastar menos "coisas, espaço e energia" e dá palestras nas quais defende que uma vida minimalista é o caminho para a felicidade.

Foi sem querer, mas acabamos seguindo um pouco a lógica dessas iniciativas em nosso ano sabático. O apartamento que arrumamos ficou quase vazio o tempo inteiro em que moramos em Berlim. Quatro malas – as mesmas que trouxemos de volta para o Brasil – serviram de armário para nossas bugigangas, e três ficaram sempre desocupadas. Uma cômoda pequena e duas araras de metal comportaram todas as nossas roupas, e a regra era clara: só valia comprar uma peça se outra fosse doada. Não trouxemos para casa nenhum objeto que não tivesse utilidade evidente, o que quer dizer que as paredes ficaram nuas, o chão, sem tapetes e as lâmpadas, sem lustres. As bicicletas que compramos foram vendidas por um precinho camarada. O acúmulo ficou no zero a zero. Só assim as coisas que realmente importam – as experiências, as viagens, as lembranças – puderam ganhar de lavada.

SE DINHEIRO SÓ AJUDA ATÉ CERTO PONTO, COMO POSSO SER FELIZ?

FRED

Ok, já dissemos aqui que dinheiro só ajuda até certo ponto e que são muitos os argumentos em prol de uma vida mais simples, com mais tempo livre e mais focada no presente. Mas falta falar de um cientista que conseguiu unir essas pontas em uma teoria que promete garantir a todos uma vida mais feliz. Para falar sobre isso, vamos voltar no tempo e viajar até a Suíça – mais especificamente até Zurique.

O húngaro Mihaly Csikszentmihalyi descobriu a Psicologia de uma forma peculiar: um belo dia, sem dinheiro no bolso para ir ao cinema, ele leu no jornal que um médico suíço estava dando uma palestra sobre discos voadores. Como não podia assistir aos ETs na telona, Mihaly resolveu ouvir o que esse médico tinha para falar. Para sua surpresa, o palestrante da noite era o renomado psiquiatra Carl Jung, famoso discípulo de Freud, e o papo era mais sobre o significado simbólico dos discos voadores do que sobre a existência de homenzinhos verdes em Marte. Encantado com a palestra de Jung, Mihaly decidiu estudar Psicologia em busca de um sentido para sua vida.

E o que ele descobriu? Após anos de pesquisa, Mihaly chegou a números que mostram que o dinheiro proporciona felicidade quando garante uma vida digna, e que – a partir de um determinado ponto – não faz diferença para uma existência mais feliz. Ou seja, como escrevemos no começo deste capítulo, dinheiro compra felicidade, mas só até um ponto. Os números analisados por Mihaly mostram a quantidade de norte-americanos que se dizem "muito felizes" ao longo dos anos. Essa quantidade segue estática em 30%[13] – mesmo com o crescimento da renda média no país. Segundo Mihaly, o que dá sentido à vida e deixa as pessoas mais felizes são atividades que levam a um estado de flow – ou fluxo.

"Estado de flow?!", você pergunta. Calma, a gente explica.

Enquanto as grandes civilizações sempre construíram espaços (igrejas, templos, arenas, circos, estádios etc.) onde seus cidadãos pudessem vivenciar momentos especiais de êxtase que os tirassem da mesmice da vida cotidiana, algumas pessoas conseguem encontrar essa satisfação – esse ápice de prazer – em atividades relativamente simples, como praticar esportes, compor músicas, meditar ou escrever. São pessoas que não precisam ir a um espaço especial em busca do êxtase. Elas têm sua própria arena mental.

E, quando se embrenham nessas atividades, ficam tão concentradas que todo o resto deixa de existir – é esse o flow, ou fluxo, em português. Para Mihaly, essas atividades podem ser de naturezas diferentes e apenas o indivíduo poderá descobrir qual é sua, por meio do autoconhecimento. (Muitos CEOs dizem atingir o flow no trabalho – e aí faz sentido dizer que dinheiro pode até não produzir felicidade, mas tem gente que é mais feliz produzindo dinheiro.)

Segundo Mihaly, nosso cérebro só consegue lidar com um limitado número de bits de informação por segundo. Quando você está no estado de flow, seu cérebro está concentrado apenas naquela atividade e todo o resto se apaga. Esse estado costuma ser atingido quando você é desafiado para algo que realmente gosta de fazer e no qual é bom. O desafio não pode ser fácil a ponto de entediar ou impossível a ponto de irritar. Talvez isso explique por que gostamos tanto da metáfora que diz que "a vida é um jogo". Como em um videogame bem calibrado, nos divertimos vivendo com a dose certa de desafio e recompensa. Cada fase que vencemos nos leva ir atrás de desafios mais árduos. E isso é uma injeção de felicidade.

Quem está no flow costuma sentir-se completamente envolvido no que está fazendo, com uma clareza interna e uma sensação de êxtase. Em seu livro *A descoberta do fluxo*, Mihaly ainda diz que, se formos meramente passivos, nossas chances de alcançar a felicidade são baixas. A felicidade não seria o estado-padrão do ser humano, mas algo a ser buscado. Para ele, a satisfação humana está no processo de trazer ordem e controle para nossas vidas. Quem toca um instrumento, pratica um esporte ou até (por que não?) faz tricô entende do que ele está falando.

Parece que meu avô estava certo: é difícil pensar em felicidade de barriga vazia. Mas meus pais também tinham lá sua razão, pois fazer o que se gosta (seja uma atividade física, um trabalho ou um hobby) é uma das ferramentas mais potentes para produzir êxtase que existem. Se der para misturar as duas coisas, melhor. Mas, claro, a receita é individual. Como diz o cantor gaúcho Wander Wildner, "a vida é muito simples, basta achar algo legal para fazer".

capítulo 5

DÁ PARA SER FELIZ MESMO QUANDO TUDO DÁ ERRADO?

FRED

"O segredo da felicidade é saber conviver com o lado sombrio e o lado luminoso da vida, realidades presentes em cada um de nós. Ser feliz é dar a hegemonia e espaço maior ao lado luminoso e nunca querer realçar o lado sombrio. Mas mantê-lo sob controle, conviver com ele, tolerá-lo e impedir que se projete sobre os outros. Esse equilíbrio, nem sempre fácil, é o segredo da felicidade. Ela é como uma flor: bela, mas frágil." Quem nos presenteou com essa bonita definição da felicidade foi teólogo e escritor Leonardo Boff, que a Karin entrevistou para o Glück. As palavras do religioso brasileiro são muito importantes para que este livro não mistifique a felicidade. Ninguém é feliz o tempo inteiro, e, ao longo da maior parte da vida, o ser humano precisa lidar com dificuldades e incertezas. Este livro não é um manual mágico para a felicidade duradoura. A felicidade é o caminho, não o fim. E não existe uma só trilha que leva até ela. O próprio conceito de alegria não existiria se não convivêssemos com a tristeza, assim como a luz não existe sem escuridão ou a música sem o silêncio. Como disse o artista plástico Hélio Leites, "a tristeza faz você ver outras coisas que a alegria não deixa".

Quando lançamos o Glück Project, passamos a receber centenas de perguntas, mensagens e comentários de leitores brasileiros – e também de portugueses, angolanos e moçambicanos espalhados pelo mundo todo. Muitas pessoas nos perguntavam como poderiam ter uma "vida perfeita" como a nossa. Outras diziam que a felicidade e o sucesso que seus amigos postavam nas redes sociais os deprimiam. Diante daquela imagem idealizada que nossos leitores e amigos andavam fazendo de nós, passamos a nos sentir uma fraude. Nossa vida não era uma eterna alegria. (Aliás, se fosse, talvez não tivéssemos escolhido estudar, justamente, a felicidade.) Não éramos sábios gurus ou teletubbies alienados que achavam que a existência era uma eterna festa. Éramos jornalistas cheios de inquietações escrevendo uma grande reportagem sobre o que a humanidade já descobriu sobre a felicidade. Estávamos a galáxias de distância de qualquer aspiração à perfeição.

Cervejas gelavam do lado de fora de casa, aproveitando a temperatura negativa de Berlim. O inverno deixava os dias mais curtos. Discutíamos essas questões, em nosso apartamento quase sem móveis, quando um amigo me mandou, por e-mail, uma citação do antropólogo Marshall Sahlins que ficou se repetindo em minha cabeça: "um povo que concebe a vida exclusivamente como busca da felicidade só pode ser cronicamente infeliz".

Primeiro aquilo me incomodou. Achei que meu amigo estivesse dizendo que eu só tinha interesse pelo tema porque era triste. E eu me considerava uma pessoa alegre, bem-humorada, fanfarrona até – mas que com certeza enfrentara muitos momentos de tristeza. Ali mesmo, em Berlim, quando cheguei, tive duas das piores semanas da minha vida. Eu não entendia nada que as pessoas falavam e sentia falta da rotina do trabalho, dos meus amigos e da minha família. Achava que todos os alemães me olhavam com preconceito graças a minha barba espessa e meus traços mouriscos. Eu, que havia sempre sonhado pedir demissão, sentia – ironia da vida – saudades da segurança do meu emprego.

Aquela saudade durou pouco, até que eu começasse a me dedicar ao Glück. Mas lembrar desses dias ruins me deu uma ideia: resolvi criar um diário de pequenas infelicidades que a gente geralmente esconde no Facebook. Os blogs que escrevem sobre viagens, anos sabáticos e busca pela felicidade costumam falar pouco sobre o lado ruim de morar fora: a saudade intensa da família, o desafio de aprender uma língua nova, a dificuldade de fazer amigos e os percalços para encontrar um emprego. No nosso caso, tínhamos planejado ficar até seis meses sem trabalhar na Alemanha e depois começar a viver como autônomos no Brasil. No início de 2014, optamos por estender a temporada berlinense por mais alguns meses e passamos a fazer alguns trabalhos. Foi nessa época que comecei a escrever minha "história politicamente incorreta do sabático" e anotei o seguinte relato de um domingo nada glamouroso:

Passei o domingão sem sair de casa (apesar do sol lá fora) para economizar dinheiro e terminar os textos e apresentações de trabalho. Esse negócio de despedir o patrão é legal, mas a grana é bem menos certa. Um dia aparece um frila que resolve o mês, no outro mês você fica vendo navios. Sem ir ao supermercado, fiz macarrão "com o que tinha" para o almoço. O prato ficou daqueles que ninguém fotografa para o Instagram. No final da noite um pouco de romantismo: eu e a Karin brigamos por causa de trabalho.

Soou como um dia comum da sua vida? Pois é, grande parte da minha "aventura na Alemanha" se parecia com isso. Mas quem expõe esse tipo de coisa para o mundo? Como só compartilhamos promoções, viagens, comidas gostosas e momentos de harmonia nas redes sociais, todas as vidas parecem perfeitas e empolgantes. Quase como se existisse um mundo paralelo na internet, onde tudo é legal e possível. Onde ninguém toma porrada ou tem preguiça de tomar banho. Um mundo diferente do "de verdade" – aquele em que a gente paga as contas, fica nas filas, toma fora do(a) namorado(a) e é demitido. Nós editamos o que vamos mostrar no Instagram, no Facebook e no Twitter, o que acaba tornando a vida de todo mundo uma campanha feliz de margarina. Editando a realidade, transformamos nossa vida em filmes com personagens, reviravoltas e, quase sempre, finais felizes.

O problema é que paramos, assim, de conviver com os fracassos e os defeitos (nossos e alheios). Com milhares de amigos virtuais e muito tempo gasto com a internet, temos cada vez menos tempo para aquele amigo do peito com quem a gente se abre e desabafa os fracassos. Parece que os fracassos viraram pecados que podemos confessar no máximo a um psicólogo ou a um padre. Além de isso gerar grande angústia, a ditadura da felicidade que inventamos causa inveja e falta de empatia em nossos amigos, familiares e colegas. Parece que somos todos grandes vitoriosos cujas fotos de conquista no Facebook servem para humilhar os demais "seres normais". Mas não existe esse mundo perfeito na vida real. Todos temos existências repletas de momentos de tédio e fracasso. Existir (e ser humano) implica lutar contra uma série de adversidades e desafios; implica enfrentar doenças, tragédias e frustrações. Alguns desses problemas são coisas banais e chatices do dia a dia. Outros são adversidades reais e inesperadas.

Muitas vezes o fracasso é um componente do sucesso que costumamos esconder em nossas histórias de vitória. Aprendemos por meio de tentativa e erro, desde pequenos, quando somos alfabetizados e damos nossos primeiros passos. Empresários e CEOs concordam com a máxima de que "o erro pode ser um grande professor"[14], se você souber a hora certa de reconhecê-lo e de procurar uma nova solução para o seu problema.

Uma das minhas partes favoritas em biografias de artistas bem-sucedidos é quando eles compartilham os momentos de fracasso e rejeição que antecedem a fama e a glória. Ninguém pode imaginar que, no começo de sua carreira, o rei Roberto Carlos, o cantor mais popular do Brasil, era considerado um imitador barato de João Gilberto, sem muito futuro na música. Rejeitado por diversas gravadoras e pela turma da bossa-nova, Roberto viu seu primeiro álbum se tornar um grande fracasso comercial. Quem diria que o segundo maior artista com discos vendidos na história do Brasil (120 milhões de cópias comercializadas) teria começado sua carreira vendendo míseras 512 cópias do disco *Louco por você* e menos ainda de seu compacto de estreia? Se Roberto tivesse ouvido os diretores da RCA que o recusaram – e ainda cravaram que "o garoto não dá para o negócio. Não tem bossa. É frio demais" –, a história da música brasileira seria completamente diferente.

Raros são os músicos que não enfrentaram recusas, críticas e portas fechadas na cara até que, aprendendo com seus erros, encontraram o caminho para o sucesso. Geralmente, quando deparamos com as carreiras bem-sucedidas de artistas, políticos e cientistas, temos a impressão de que eles são super-heróis, seres perfeitos que atingiram um nível que nós – meros mortais – dificilmente atingiremos. Esquecemos, muitas vezes, que por trás dessas histórias de sucesso se escondem muitas vezes grandes fracassos.

Mas deixemos de lado os grandes astros. Permita-me um exemplo pessoal: recentemente publiquei no Facebook que iria lançar este livro por uma grande editora e realizar um sonho de infância. Sim, realizar um entre muitos sonhos que ficaram na lista de espera. Quando pequeno, eu sonhava, por exemplo, em ganhar a vida como ator. Meus amigos queriam ser jogadores de futebol. Ninguém realizou esses "sonhos". A partir dos 15 anos, montei uma série de bandas e passei a sonhar ser "rockstar". Toco até hoje, mas sem nenhuma expectativa de ganhar qualquer dinheiro com a música. Na verdade, escolhi uma faculdade – jornalismo – que pudesse dar vazão a alguma das minhas ambições artísticas e que também garantisse um salário fixo e uma vida mais estável. Apostei no meu "melhor talento", que era escrever.

Já adulto, quando me mudei para São Paulo para trabalhar, tive uma pequena crise porque queria fazer muitas coisas na vida, contudo nenhuma parecia encaminhada. Naquela época tive que escolher em qual de meus sonhos iria investir. Dois anos depois, publiquei o *Canções para ninar adultos*, meu primeiro livro, mas uma série de outros objetivos ficou para mais tarde. O próprio fato de ter publicado alguns livros pode parecer aos amigos que eu me "dei bem na vida" ou que me permitiu sobreviver à base de contos e poesias. Nada! Meus primeiros livros de ficção são uma grande realização pessoal, mas me renderam, juntos, pouco mais do que dois salários mínimos. Assim como hoje todos sabem que eu morei em Berlim, mas poucos que passei metade da minha vida nos arredores da Vila São João, em Penápolis. Ou que, hoje, eu posso divulgar um saboroso prato no Instagram, mas nunca escrevi que, quando era adolescente, passei por vários perrengues.

E eu não saí divulgando essas frustrações pelas redes sociais. Tornei pública apenas uma conquista feliz, no caso este livro, sendo que ela implicou abrir mão de diversas oportunidades. Sim, seguimos o lema do ex-ministro Rubens Ricupero, que foi flagrado dizendo que "o que é bom a gente fatura, o que é ruim a gente esconde". E o mundo quer ver "as pingas que a gente toma, mas não os tombos que leva". Errar é uma forma de descobrir novas possibilidades e de construir algo novo. O importante é perceber os "momentos de fracasso" como oportunidades de aprendizagem e não como algo que vai transformar sua vida em uma grande e infinita queda. Nada no mundo é tão irreversível assim. (A não ser a morte, é claro, e nós vamos falar dela no final deste capítulo.)

POR QUE INVEJAMOS A FELICIDADE ALHEIA?

Quando falamos de fracassos e da imagem que criamos nas redes sociais, é importante falarmos de inveja. "No Brasil, o sucesso é uma ofensa", teria dito o maestro Antonio Carlos Brasileiro, vulgo Tom Jobim, pai da bossa-nova e um dos maiores músicos do nosso país. Talvez pela imensa desigualdade em que vivemos há tantos anos, anunciar que se está numa melhor tornou-se uma espécie de crime. Socialites e empresários intitulam-se "classe média" enquanto políticos e famosos gostam de lembrar de momentos difíceis de suas vidas. No entanto, a moda parece ter mudado nesse começo de século, e a ostentação tem se tornado marca de um Brasil diferente: o Brasil do funk, da nova classe média e das redes sociais. Por que será? O psicólogo Waldemar Magoli nos deu um palpite: "Até a geração X, a expectativa materialista forçava, equivocadamente, as pessoas a acreditarem no 'ter para ser'. Porém, com a incapacidade capitalista para a redistribuição de renda, o ter foi ficando cada vez mais inviável. Neste momento surge a geração Y, desapegada dos vínculos, muito impaciente em obter resultados e com uma nova crença, igualmente equivocada, que é a do 'aparecer para ser'. É nesta direção que surgem as mídias sociais, dando a possibilidade para o indivíduo aparecer. Por isso, quando alguém conquista algo de fato, por inveja, a maioria fica com raiva."

Por motivos óbvios, ninguém assume a inveja publicamente. A inveja é um pecado inconfessável, pois nos faz admitir que existe algo errado em nossa vida. Quando invejamos a casa bonita ou o carro novo do vizinho, admitimos que não estamos felizes com a nossa casa ou com o nosso carro. A palavra inveja vem do latim, invidia (não ver). Espécie de cegueira, a inveja faz com que o invejoso não veja a si mesmo, suas conquistas e seus fracassos, mas só a felicidade do outro. E é muito comum que comecemos a culpar o invejado pelo nosso próprio fracasso.

"A inveja é relativa ao desejo de destruir o que o outro conquistou, porque no fundo o invejoso sabe que não seria capaz de conquistar o mesmo. Assim, ele fica menos diminuído e, consequentemente, frustrado com sua incapacidade", explica Waldemar. O psicanalista Otávio Dutra completa: "a inveja é um sentimento que costuma afetar mais quem não está muito satisfeito com o que se é ou com a vida que se está levando. Mas é importante frisar que ninguém é desprovido deste sentimento". Para o filósofo Tomás de Aquino, a inveja é "a felicidade pela tristeza alheia" (no alemão existe uma palavra que define exatamente essa sensação: schadenfreude).

A sabedoria popular diz que o que mais nos incomoda nos outros são coisas que não conseguimos resolver em nós mesmos. O conceito de sombra, criado pelo psicólogo Carl Jung, trabalha um pouco com isso: "Um dos aspectos mais perigosos da sombra é ela ser projetada nos outros, e, assim, perceber como sendo de outra pessoa aspectos desconhecidos de nós mesmos. Por exemplo, achar as pessoas tristes insuportáveis, em vez de reconhecer dentro de nós a própria infelicidade", explica Otávio.

Resumindo: para ser feliz, não inveje a felicidade alheia. A felicidade e a infelicidade não estão no outro, nem em outro lugar. Estão dentro de você. O mundo não está conspirando para fazer sua vida pior. O leme da sua vida está em suas mãos. Pense menos no que os outros estão fazendo e falando e concentre-se em descobrir quem você é o que pode fazer para tornar sua existência mais plena e feliz. A inveja cega. E impede que enxerguemos nossa felicidade.

VIVA O PRESENTE SEM ESPERAR PELO FUTURO FANTÁSTICO

No universo das redes sociais, não só escondemos nossos fracassos e nossa inveja, também nos esquecemos das pequenas alegrias do cotidiano. Aquelas que não rendem textões inflamados, nem fotos espetaculares. Agora é a hora de falarmos delas. Das pequenas coisas simples.

Cheiro de chuva caindo na terra me faz feliz. Eu não sei explicar exatamente por que, mas me conecta a algum lugar bom e seguro da minha infância. Dias ensolarados de outono e finais de tarde durante o verão têm efeito parecido. São pequenas doses de "Rivotril" que o Universo distribui sem cobrar nada em troca. Meu irmão, Gabriel, fica feliz quando seu time ganha e diz que vive para ver a Copa do Mundo de quatro em quatro anos. Helmut Hueck, o avô paterno da Karin, gosta de trabalhar na terra e ver pequenas sementes se transformarem em imensas árvores. Fausto Di Giacomo, meu avô materno, gostava de fotografar, construir barcos e cozinhar macarronada com calabresa todo domingo. (A recordação do aroma que se espalhava pela casa dele, lá na cidade de Penápolis, ainda me faz salivar.) Talvez a vida seja composta por 20% de grandes momentos e 80% por esses momentos de rotina. Os anos sabáticos, os aumentos de salário, o nascimento de filhos e os dias de casamento são o tempero da existência – o refrigerante de domingo numa vida de arroz e feijão. E o arroz com feijão não pode ser bom? Não é possível "viver poeticamente", como prega o filósofo Edgar Morin?

"Um dia feliz para mim é quando dá tudo certo, sem grandes problemas, mas com uma dose de inesperado. Gosto quando resolvo mudar do nada o caminho que faço do trabalho para casa e acabo encontrando um amigo na rua ou descobrindo um café que eu nunca tinha notado." Essa definição é da Poka Nascimento, uma colega de faculdade que se formou em Rádio e TV na Unesp. Ela sempre comentava nossos textos no Glück dizendo que o "largar tudo" era supervalorizado e que a rotina também tinha seus encantos. "E viajar?", perguntei para Poka. "Viajar é legal, mas, sempre que o faço, em no máximo 5 dias já quero voltar pra casa. Sinto falta do meu lugar, das coisas que não levei e da minha rotina. Isso não é uma crítica a quem tem essa preferência, mas acho que essa ideia de viajar para ser feliz me parece uma espécie de fuga."

Buscar prazer cotidiano nos permite uma existência feliz mesmo que não tenhamos condições de vivenciar o fantástico. Podemos, como ensina a teoria do flow, procurar criar o fantástico dentro de nós e das atividades que amamos. Ou, como refletia no século XVI o genial pensador francês Michel de Montaigne, devemos criar um pequeno espaço só nosso, dentro de nossa mente, onde reside o essencial para nossa existência, sem depender de bens materiais ou de outras pessoas. Isso implica investir no autoconhecimento e poupar sempre um tempinho para refletir sobre a vida e as coisas que apreciamos. "O homem de bom entendimento nada perde, se tiver a si mesmo", anotou o escritor em seus *Ensaios*. É interessante essa imagem de criar seu "oásis mental particular". Apesar de eu ter viajado bastante, durante o sabático, grande parte da minha diversão, nesse ano fora da rotina, foi propiciada pela minha imaginação e por muita reflexão – turbinadas por livros, filmes, palestras e artigos que eu baixava no computador. Quase todo esse material estava de graça na internet. Foi um tempo que eu tive para pensar na minha vida, na minha carreira e também procurar entender melhor o meu país.

Outro sábio francês, o filósofo André Comte-Sponville defende que somos felizes quando focamos no que "queremos" e não no que "esperamos". E qual a diferença? Para André, "queremos" coisas que dependem de nós, que são realizáveis e que se conectam ao presente. De outro lado, "esperamos" coisas que não dependem de nós e que se conectam ao futuro. É uma visão realista da felicidade, na qual a esperança acaba virando uma grande angústia porque foca numa felicidade que "virá" e não numa felicidade que "é". Por isso, Sponville diz que o desespero (no sentido literal, de não possuir esperanças) é um caminho para a felicidade. Estamos alegres quando não esperamos nada, quando o momento presente nos basta.

Não confunda essa filosofia de vida com o conformismo. É, sim, uma valorização do querer, do agir e do amar em detrimento do esperar. Podemos esperar que faça sol ou que um meteoro não arrebente a Terra, entretanto, para as demais questões práticas, vale o "quem sabe faz a hora/ não espera acontecer". Sponville mesmo se envolveu com política ao longo de sua vida e julga que essa forma prática e realista de viver também é a melhor forma de mudar o que está errado no mundo. Enxergamos o que existe de bom no presente e nos felicitamos com isso. Da mesma forma, enxergamos o que está ruim e o que podemos fazer de fato para mudar. Tomamos medidas realistas e aceitamos o que escapa de nosso alcance.

"NEM SEMPRE SE PODE SER DEUS"

No quintal, grilos e cigarras cantavam para o céu limpo e estrelado do sertão paulista. No meu quarto escuro, os pensamentos perturbavam mais que o barulho dos insetos. Eu tinha apenas 7 anos, mas não conseguia dormir porque ficava pensando na morte. Ficava pensando que a vida é uma tragédia de onde ninguém sai vivo.

Sinceramente, não sei quão comum é esse pequeno existencialismo infantil, porém confesso que era coisa que me assolava noite sim, noite não, futucando meus neurônios com mais intensidade que os ruídos noturnos do quintal. Eu e meu irmão dividíamos o quarto e uma beliche, mas não as preocupações. Era comum que ele embalasse no sono logo ao deitar, enquanto eu me revirava nos lençóis pensando sobre algo que aconteceria comigo dali a 70 ou 80 anos. Gastava minhas noites procurando soluções que minha cabeça infantil teria poucas chances de elucidar. Considerei até a possibilidade de estudar para ser um cientista ou médico que pudesse prolongar a vida humana e, quem sabe, encontrar a "cura para a mortalidade".

VIVIA NO FUTURO E O FUTURO ME PARALISAVA.

Quanto tempo perdi nesse jogo mental? Se assistia a uma reportagem sobre câncer, por exemplo, ficava com medo de desenvolver a doença e procurava caroços ou manchas na minha jovem e saudável pele. Anos depois, quando pude voar de avião, sofria como se a aeronave fosse cair com certeza e aqueles fossem meus últimos momentos de vida. Muitas vezes optava por longas viagens de ônibus no lugar de práticos voos. E de que me valia esse sofrimento na vida prática? Afastava-me do presente real e me aproximava de um futuro fictício. Me fazia lidar com problemas que eu deveria enfrentar apenas quando (e se) acontecessem. O mundo pode ser um lugar adverso, cheio de desafios, porém nunca devemos esquecer que um dos principais desafios do mundo é domar os pensamentos e a ansiedade que estão em nossa mente. Já existem problemas demais no universo para que nos demos ao luxo de inventar outros tantos. Para mim, a coisa só melhorou quando desisti de lutar contra a morte e a aceitei. Aceitei sua inevitabilidade e passei a valorizar ainda mais a vida, sabendo que um dia não estarei mais por estas bandas.

Acredito que grande parte da busca pela felicidade concentra-se em pequenas ações e mudanças que podemos fazer em relação a nós mesmos. Admitir que somos falhos e não tentar empurrar todas as dores do mundo para a conta dos outros, por exemplo. Acredito, também, que muitas mudanças não dependem só de nosso esforço pessoal. Nem todo mundo nasce com as mesmas condições e vantagens, a vida não dá as mesmas cartas para todos. Procurar formas de distribuir essas cartas melhor, entender o jogo do outro e ser solidário são bons passos para que mais pessoas possam encontrar a felicidade. Como já dissemos neste livro, um dos maiores arrependimentos das pessoas que estão morrendo diz respeito a algo que elas não fizeram. Por isso, é importante que a gente aja e aproveite bem o tempo que temos neste belo planetinha azul.

Um dos conselhos que posso dar para quem está insatisfeito com sua vida é, simplesmente, "faça". Adote para você o lema punk do it yourself, que eu adotei quando ainda era um adolescente fã de Ratos de Porão e Ramones. O poeta Carlos Drummond de Andrade bancou a primeira edição de seu livro do próprio bolso. Glauber Rocha inscreveu o cinema brasileiro no cenário mundial com o lema do "uma câmera na mão e uma ideia na cabeça", e Zé do Caixão virou uma lenda filmando com amigos em condições precárias. O Facebook começou no quarto do Mark Zuckerberg e a Apple, na garagem dos pais do Steve Jobs. A vida sempre foi muito mais sobre ter uma boa ideia do que sobre esperar as condições ideais para executá-la. O prazer de criar e fazer o que se gosta – amplificado pelo desafio – é uma das chaves para a felicidade. Enfim, tire seus sonhos do papel hoje e deixe para reclamar amanhã.

No entanto, nem tudo depende da nossa proatividade. Existe um terceiro nível de complexidade que engloba as coisas contra as quais não podemos lutar. Nem como indivíduos, nem como sociedade. Um tsunami ou a descoberta de uma doença incurável, por exemplo. Ou o fato de que você está envelhecendo e vai morrer um dia. Não há nada a fazer contra a possibilidade da morte a não ser aceitá-la.

O psicólogo e professor de Harvard Dan Gilbert fez uma descoberta interessante sobre a felicidade. Após realizar inúmeros testes, ele percebeu que o ser humano costuma procurar e valorizar o que nós podemos chamar de "felicidade autêntica", que seria a felicidade de ter ou alcançar aquilo que desejamos. No entanto, Dan descobriu, também, que nosso cérebro tem a incrível capacidade de produzir "felicidade sintética", que é a que surge quando temos de nos conformar com algo. Uma espécie de sistema imunológico da mente. Por exemplo, ficamos muito felizes quando conseguimos realizar o sonho de viajar para Disney (opção A), mas ficamos felizes, também, quando não conseguimos ir para a Disney e nosso cérebro se adapta à opção B: o Hopi Hari. As pesquisas do neurocientista[15] Richard J. Davidson complementam essa linha de raciocínio e concluem que pessoas felizes tendem a ser aquelas que superam mais facilmente catástrofes e problemas pessoais.

As conclusões de Dan só confirmam um dos ensinamentos do milenar livro chinês *Tao Te Ching*: "Para ser feliz, às vezes, você precisa aceitar as coisas que acontecem na vida." Mais que isso, você precisa aceitar que é pequeno, imperfeito, normal e que não tem superpoderes (e nunca vai ter, mesmo que você tome um banho de raios Gama ou seja picado por uma aranha radioativa). Como cantam os Titãs: "Nem sempre se pode ser Deus." O *Tao Te Ching* também ensina que você deve agir não atrás de fama ou de contentamento para o seu ego, mas das coisas que realmente fazem bem para você.

"Preocupar-se nunca é válido", me ensinou a monja Coen em uma entrevista. "Ocupar-se, sim. Ocupar-se em fazer o seu melhor a cada instante e despertar para a mente de sabedoria perfeita." Claudia Dias Batista de Souza é o nome de batismo da Monja Coen. Antes de se tornar a mais famosa praticante e líder budista do Brasil, ela foi gente como a gente – talvez até um pouco mais humana. Prima de Sergio Dias e Arnaldo Baptista, do Mutantes, Coen foi casada algumas vezes – uma delas, com o iluminador dos shows do Alice Cooper – e acabou presa na Suécia por tráfico de LSD. Foi apenas aos 36 anos que ela começou a meditar. E nunca mais parou. "A prática essencial do Zen é a meditação sentada, o conhecer o nosso próprio Eu, ao mesmo tempo em que nos esquecemos do eu." Ou seja, perceber que o mundo não gira em torno de você. E isso é bom! E libertador! Você não é o grande protagonista da história do Universo, não mais que todos os outros seres vivos são. Conhecendo seus limites, você estará livre para correr atrás de sua felicidade e fazer tudo o que é possível para construir uma vida e um universo melhor. Mas veja: isso não é uma ode ao conformismo. Não estamos dizendo aqui que a vida é dura "porque Deus quis assim". O que estamos dizendo, simplesmente, é que somos humanos. Somos limitados. Não adianta reclamar porque você não nasceu bonito como um galã da novela, ou porque chocotone só vende no Natal. Faça o que é possível e aceite o imutável.

~~~~~

Depois de um ano longe do trabalho, estava chegando a hora de voltar para casa. Nosso ano sabático se aproximava do fim, mas nos ensinara coisas que nos ajudariam a tornar nossa vida cotidiana menos ordinária, mesmo que tivéssemos de voltar para os mesmos empregos dos quais tínhamos saído. Havíamos aprendido a encontrar felicidade nos pequenos prazeres, a viver o presente e até algumas técnicas para escapar das armadilhas da rotina. Ninguém volta de uma viagem da mesma forma que a começou. Nós estávamos voltando para casa, trazendo muito pouco em nossas malas e um grande aprendizado na bagagem. Havíamos passado os últimos 365 dias viajando o mundão, lendo muito, entrevistando pessoas interessantes e procurando ocupar nosso tempo com coisas que sempre sonháramos fazer. Como poderíamos usar tudo isso para transformar nossa rotina na volta para o Brasil?

capítulo 6

COMO HACKEAR O SEU CÉREBRO PARA SER MAIS FELIZ

KARIN

Voltar é difícil. Muito mais do que partir. Para começar, exigiu paciência. Sem lugar para morar, ficamos dependendo da boa vontade de amigos e de familiares para nos abrigar. Pulamos de casa em casa ao longo de um mês e meio, ao mesmo tempo que tentávamos abrir um negócio que pudesse nos sustentar nos meses seguintes e procurávamos um novo lar. Estávamos vivendo com duas malas. Foi bom rever os amigos e a família, mas a vida não seria uma grande festa de reencontro para sempre. Eles tinham suas vidas para tocar, as rotinas para executar, os prazos para cumprir – não daria para passar os dias grudados neles. Tínhamos que encarar a dura realidade que começava a bater na porta: o sabático tinha chegado ao fim. Agora não tinha mais essa de ficar sem trabalhar. Não dava mais para viver de dinheiro guardado. Precisávamos dar um jeito de descobrir o que faríamos dali em diante e como nos sustentaríamos de novo. O negócio estava complicado.

FOI QUANDO ALGO ESTRANHO ACONTECEU.

Primeiro, eu recebi um telefonema. Era meu antigo chefe, perguntando se eu gostaria de voltar para o mesmo cargo que eu tinha antes de ir para Berlim, editora de uma grande revista mensal – e ainda com um aumentinho para alegrar o coração. Confusa, assustada com a volta, temendo o futuro, eu aceitei. Depois, foi a vez do Fred. A mesma ligação, a mesma proposta indecorosa: será que ele gostaria de voltar a trabalhar naquilo que ele sabia fazer tão bem – gerindo uma equipe de internet – e com uma promoçãozinha para completar? Ele também disse sim. Em três meses, estávamos os dois com a carteira de trabalho assinada novamente, cumprindo horários fixos na frente do computador, com metas para bater.

Sem nem perceber o que havia acontecido, estávamos empregados na mesma empresa da qual havíamos saído um ano antes. Irônico, não?

FELICIDADE É UM ESFORÇO

Foi no meio desse turbilhão de emoções que uma coisa começou a ficar clara: para tentar seguir todas aqueles preceitos que havíamos estudado e vivenciado ao longo de um ano, nós teríamos de rebolar. Era muito mais fácil preconizar um estilo de vida mais simples – uma busca espiritual, uma investigação sobre a felicidade – quando estávamos longe de tudo e tentando começar do zero. Juntar os pedaços de uma vida inteira e ser feliz numa rotina predeterminada para você – e agora com direito a chefe cobrando horário e metas para bater – parecia muito mais difícil.

Ou seja, íamos precisar nos esforçar para ser feliz. O que parece não fazer muito sentido, certo? Errado. Fazia muito sentido. Dependia de uma mudança interna. Como tudo na vida, não viemos ao mundo sabendo ser felizes: felicidade é um ofício que precisamos aprender aos poucos. E o pior: um que ninguém nunca acha que seja possível exercitar ativamente.

Aprender uma nova habilidade, como se sabe, é um negócio complicado. Nunca vem de graça. É preciso treinar muito, dedicar muito tempo ao estudo – e levar alguns tombos também. Dizem que é impossível aprender algo de novo sem errar antes. Dizem também que, para se tornar um especialista ou pelo menos alguém muito hábil em qualquer atividade, é preciso passar 10 mil horas praticando[16]. A teoria, elaborada pelo jornalista Malcolm Gladwell em seu livro *Fora de série*, diz que é só depois de passar 10 mil horas tocando piano, ou praticando saltos ornamentais, ou gerindo uma empresa, que você se torna um craque absoluto no negócio. Seguindo essa lógica, concluímos que só havíamos passado toda essa quantidade de tempo dormindo, comendo, ficando presos no trânsito e, no máximo, escrevendo. Não dedicamos 10 mil horas da nossa vida a mais nada. (Tentamos fazer as contas com "tomar banho", mas não passou das 2,6 mil.) Ao mesmo tempo, gastamos muitas centenas de horas com outras coisas: conversando com nossos amigos, estudando, lendo, respondendo e-mails. A grande ironia é que, antes desse negócio de estudar a felicidade, não havíamos dedicado uma só hora da nossa existência para sermos mais felizes. (Isso não quer dizer, claro, que não tenhamos buscado coisas prazerosas na vida. Buscar prazer é uma forma direta de sentir felicidade, contudo não é uma atitude consciente.) Boa parte das pessoas faz o mesmo: não busca ativamente ser mais feliz. O problema está na maneira como costumamos enxergar a alegria.

Estamos acostumados a entender a felicidade como algo que surge a partir da consequência de estarmos vivo: ficamos felizes quando algo de bom nos acontece, quando conquistamos algumas metas de vida, quando as pessoas ao nosso redor estão felizes, e tem até quem fique feliz quando o time adversário perde na rodada. Ou seja, de acordo com essa lógica, a felicidade depende de certos fatores externos a nós que muitas vezes não podemos prever – nunca é algo que buscamos internamente. Isso nos torna passivos nesse negócio de ser feliz.

O problema surge quando algum sonho não dá certo. E se não passarmos no vestibular? E se não formos chamados para a entrevista de emprego? E se ele/ela não gostar de mim? Ainda assim, vamos deixar que a felicidade dependa do mundo lá fora? Se ela for uma prática, algo que poderemos aprender ao longo da vida e se tornar uma habilidade nossa, como mexer no pacote Office, não precisaremos de tantos fatores externos. Vamos apenas ser felizes. Foi assim que aprendemos que a felicidade deve ser levada a sério.

Quem concordaria com essa tese seria o escritor inglês do século XIX George Eliot. Aos 25 anos, ele escreveu esta carta: "As pessoas têm de passar muitos anos aprendendo a ser felizes. Estou apenas começando a fazer algum progresso nessa ciência. (...) Cada ano nos livra de pelo menos uma expectativa vazia e nos ensina a colocar algo de bom no lugar. Eu nunca vou acreditar que a infância é a nossa fase mais feliz. Que presságio ruim para a nossa raça e o destino individual, se os nossos anos mais maduros forem também os mais infelizes. A infância só parece feliz em retrospecto: para a criança, ela é cheia de tristezas e medos do desconhecido. Tudo isso só prova que somos hoje mais felizes do que quando tínhamos sete anos, e que seremos mais felizes aos 40 do que agora. É isso que eu chamo de uma teoria boa, e uma que merece ser vivida!"[17] Ou seja, George acreditava que é preciso muito esforço, aprendizado e anos de vida para ser feliz. Ele sabia disso mais que ninguém – até porque ele era "ela". George Eliot era o pseudônimo de Mary Anne Evans. Para que seus livros pudessem ser levados a sério, e não jogados na categoria considerada menor de "literatura feminina", Mary adotou o nome de um homem. A identidade falsa também servia para acobertar a vida "indecente" em que vivia: ela morou 20 anos com um homem casado e não queria que esse fato se tornasse maior que sua literatura. Mary teve de inventar sua própria felicidade.

E foi assim que, com todas essas recomendações em mente, tentamos colocar em prática tudo o que um ano de aprendizado havia nos ensinado.

A FÓRMULA DA FELICIDADE

Quem gosta de elaborar dicas práticas para uma vida mais plena costumam ser os cientistas. Nos últimos anos, nos Estados Unidos, uma nova área do conhecimento dedicada à felicidade se tornou popular – a psicologia positiva –, e dezenas de "especialistas em bem-estar" começaram a pipocar nas principais faculdades norte-americanas. Cada um desses gurus analisou algum aspecto da felicidade apenas para elaborar uma lista de coisas a fazer, e outras que não se deve fazer de jeito nenhum, para viver melhor. As dicas são tantas que é até difícil filtrar o joio do trigo no meio de toda essa ciência feliz.

Lembramos de um livro que lemos durante a nossa investigação, o *Happiness Project* (Projeto Felicidade), da norte-americana Gretchen Rubin. Ela é, provavelmente, a pessoa que mais levou a sério esse negócio de se esforçar para ser feliz. Ao longo de um ano, Gretchen decidiu botar em prática as recomendações mais comuns da ciência – das pequenas, como "cante pela manhã" ou "arrume o seu armário", às grandes, como "respeite os sentimentos dos outros" ou "tenha uma vida mais simples".

Ela foi tão sistemática que dividiu as dicas em doze blocos de quatro itens e resolveu seguir cada um ao longo de um mês do ano. Assim, em janeiro, começou a abraçar o marido por pelo menos 6 segundos por vez, como ela havia lido que seria o tempo ideal; em setembro, tentou escrever um romance em um mês. O livro foi interessante para acompanhar como Rubin ia enlouquecendo a cada 30 dias com suas novas metas – e para aprender que aquele, definitivamente, não parecia ser o molde para uma vida mais plena. (Talvez fosse para uma vida infinitamente mais atarefada.) Achamos que ninguém deveria chegar a esse extremo.

Lembramos do que nos falou a médica Ana Claudia Arantes sobre as recomendações científicas que são impostas a todos como regra de ouro, como "escove os dentes 5 vezes ao dia por pelo menos 3 minutos" ou "mastigue 100 vezes antes de engolir": "Acho que a medicina é uma forma de as pessoas se distraírem um pouco daquilo que realmente importa, que é viver. A gente deveria usar a medicina como uma ferramenta para viver melhor. E isso não é uma receita de bolo, porque o meu 'viver melhor' não é o seu. Não adianta seguir todos os conselhos", disse. E nós concordamos com ela.

Teríamos, então, que descobrir o nosso próprio método infalível para levar a felicidade a sério. Seguir todas as dicas matadoras que aparecem por aí não parecia viável.

Isso não quer dizer, no entanto, que todas as descobertas científicas sobre felicidade devem ser descartadas como bobagem. Há algumas pesquisas da psicologia positiva que parecem ressonar com quase todos os especialistas e realmente explicam alguns fenômenos inexplicáveis.

"Um ingrediente básico para a felicidade é conseguir se recuperar da adversidade mais rapidamente", ensina o dr. Richard Davidson – que alterna aulas de psicologia e psiquiatria na Universidade de Wisconsin-Madison com pesquisas sobre mente e meditação realizadas com seu amigo pessoal Lhamo Thondup, o Dalai Lama. Segundo Richard, as pessoas mais felizes sentem as desgraças do cotidiano – seja uma martelada no dedo, seja a perda do emprego –, mas se recuperam mais rapidamente que as demais. Ou seja, seu "sistema imunológico da felicidade" funciona de forma mais eficiente.

Um exemplo de como nosso cérebro se adapta e produz a tal "alegria artificial": mulheres idosas que sempre foram solteiras chegam à velhice com mais de uma dúzia de amizades significativas e duradouras. Elas não sofrem de solidão ou por nunca terem se casado. Na verdade, substituem as vantagens de ter um marido (ou esposa) pelas vantagens de diversos bons amigos. Essa forma de encarar a vida não é apenas uma questão genética, mas, sim, de prática diária. O pai da psicologia positiva, Martin Seligman, dedicou um livro inteiro a defender que o pensamento otimista e o foco na realidade e no presente são uma forma de hackear sua mente. Nosso corpo se adapta às adversidades e sensações extremas buscando nos levar a um estado de paz e controle. O que isso quer dizer sobre nosso bem-estar?

De acordo com a ciência, a felicidade está, literalmente, dentro de nós. Alguns cientistas acreditam até que ela possa ser genética e que já venha definida por nascença. Outros chegam a dar valores para ela. Especialistas dizem que 50% da nossa alegria é genética, 38% é definida por acontecimentos recentes e 12% está sob o nosso controle imediato: podemos escolher ser felizes ou não[18]. Outros afirmam que apenas 10% dela é definida pelo mundo exterior e cerca de 90% da alegria parte de dentro de nós e é originária da maneira como encaramos o mundo – ou seja, uma mistura de predisposição genética com atitude positiva[19]. De qualquer forma, ambas as teorias defendem que, mesmo que não tenhamos controle completo sobre a nossa alegria, é possível interferir ativamente nela.

O segredo está nessa "atitude positiva" e na maneira como lidamos com ela. É isso que devemos atacar para ter dias mais leves.

Primeiro, é bom reconhecer as pequenas coisas boas da vida. Isso inclui os pequenos prazeres, como um almoço com um amigo que você não via faz tempo ou um afago no seu cachorrinho de estimação. Mas consiste principalmente nas coisas boas que temos e que não reconhecemos com frequência. Essencialmente, estamos falando de gratidão. E ser grato é difícil. É muito mais fácil lembrar que seu chefe puxou o seu tapete em um determinado dia do que perceber que você só pôde ir ao trabalho porque está bem de saúde. Você não vai se esquecer da vez em que bateram no seu carro no meio da madrugada, mas não vai reconhecer que você naquele dia teve um jantar agradável ao lado de quem ama – ao contrário de quem não tem nem o que comer. Esses exemplos são extremos, claro, mas precisam estar sempre em nossa mente.

Para isso, cientistas recomendam o "jogo da gratidão". É bem fácil segui-lo. Ao longo de 21 dias, anote diariamente três coisas pelas quais você é grato. Aí vale de tudo: a sua saúde e o prato de comida, e também coisas pequenas, como os 5 minutos que você ficou a mais na cama de manhã. Ou a chuva que começou a cair 2 minutos depois que você chegou em casa. Ou ter encontrado 10 reais no bolso de trás da calça. Anote cada um desses momentos com papel e caneta, sem pular nenhum. Isso faz com que seu cérebro, ao final de cada dia, procure por padrões positivos na sua rotina em vez de focar nas coisas negativas[20]. E assim se torna um hábito. Se você for grato a uma pessoa, tire 5 minutos do seu dia para dizer isso a ela – mesmo que o motivo tenha passado faz tempo. Estudos mostram que quem demonstra sua gratidão fica mais feliz até mesmo do que a pessoa que recebeu o "obrigada".

Há também outra técnica parecida que ajuda a aumentar o bem-estar: anotar os acontecimentos positivos que ocorreram em cada um dos nossos dias. Mesmo que a jornada de trabalho tenha sido péssima, sempre é possível encontrar algum detalhe que não seja de todo mau. Alguns psicólogos recomendam até mesmo agendar seu celular para tocar de três a cinco vezes por dia para que você repare no seu estado de espírito. Se você estiver se sentindo mal naquele momento, a dica é pensar em algo feliz. Assim, é possível interferir nos seus níveis de felicidade e aumentá-los cirurgicamente ao longo de alguns momentos pontuais. A ideia é que, por meio da repetição, na hora de ir dormir, seu cérebro registre que você teve um dia feliz.

Outra dica para uma vida mais plena vem de uma fonte gabaritada: o economista israelense-americano Daniel Kahneman, vencedor do prêmio Nobel de economia. Ele defende que devemos "hackear" nosso cérebro para sermos mais felizes, criando artificialmente memórias positivas. Uma maneira de fazer isso é dividindo nossas férias em duas, por exemplo. Quando tiramos só um período de férias ao ano, teremos apenas uma memória de viagem ou de descanso. Ou seja, no futuro, quando olharmos para trás, para aquele mês, as lembranças ficam confusas e se misturam. Mas, se dividirmos as folgas em dois períodos de duas semanas – uma para viajar para a praia e outra para ficar descansando em casa, por exemplo –, conseguimos duplicar as memórias positivas. Quando lembrarmos desse ano no futuro, vamos sempre guardar a impressão de que tivemos dois grandes momentos de alegria em vez de apenas um. Mesmo que o tempo de descanso seja essencialmente o mesmo. Fica a dica para a próxima vez que suas férias estiverem vencidas.

Outra maneira infalível de hackear o passado é gastando o seu dinheiro com experiências, e não com objetos. Experiências boas ficam conosco na memória para sempre – já os objetos passam. Você deve conhecer a sensação. Você passou meses sonhando com uma TV nova, ficou comparando preços, juntou dinheiro, e finalmente conseguiu comprá-la. Botou a TV na sala e ficou uns dias admirando a sua conquista – até que, lá pelo vigésimo episódio de *Game of Thrones*, ela não parece mais tão incrível assim. Segundo a lógica de Kahneman, a maneira mais inteligente de gastar dinheiro é com coisas que ficam gravadas na nossa história para sempre: as experiências. Por isso, invista no show de alguém que você ame, num restaurante de comida exótica, num salto de paraquedas, numa festa inesquecível na sua casa. Todas essas experiências geram a sensação de que você aproveitou a vida. Já o terceiro par de tênis do armário não tem o menor impacto.

O mesmo vale para pequenas coisas que você pode controlar dentro da sua rotina. Mude o caminho de casa, almoce com um colega de outro setor, leve o seu filho para brincar num parque diferente. É a maneira mais simples de hackear a memória.

Ter um dia a dia mais feliz traz uma série de vantagens que parecem óbvias mas que na verdade não são. Primeiro, inverte uma lógica milenar. Fomos criados para achar que devemos fazer uma série de coisas para, um dia, sermos mais realizados. Como se a vida fosse uma grande corrida com obstáculos cuja linha de chegada leva a uma piscina encantada de alegria. Como já vimos, a alegria que vem da conquista de objetivos dura pouco. Ficamos felizes quando passamos na faculdade, mas, duas semanas depois, já estamos criticando os professores. Alegramo-nos quando começamos a namorar, no entanto em seis meses já reclamamos das manias do parceiro. Tudo na vida é assim. O segredo é inverter a relação de causa e consequência. Devemos ser felizes no dia a dia para que a corrida de obstáculos em si seja mais agradável e as barreiras pareçam menores. Ter uma atitude positiva em relação ao presente – que é uma mistura de otimismo com felicidade – nos dá uma vantagem competitiva sem limites. O comportamento está estatisticamente atrelado a menos problemas de saúde, mais criatividade, mais energia e até mesmo mais produtividade[21]. Quem tem um *status quo* mais alegre passa pela rotina de forma mais leve também. E vive melhor.

PARE UM POUQUINHO, PENSE UM POUQUINHO

Outra técnica para uma vida mais feliz, conhecida há milênios no Oriente e praticada por uma minoria aqui no mundo ocidental, é a meditação. Ela é um negócio esquisito, porque exige um estado de espírito que não é natural para nós, que estamos sempre focados no amanhã, nos compromissos, na eficiência. Quando voltei a trabalhar, rapidamente fui sugada de novo por todas aquelas preocupações burocráticas que antes me irritavam tanto e das quais havia me esquecido. Para esse tipo de aflição, a meditação pode ser mágica.

A primeira vez que meditei, estava a milhares de quilômetros de casa, dando as mãos para uma amiga e um senhorzinho que eu não conhecia e sendo guiada rumo à iluminação por uma completa estranha numa língua que não era a minha. Tinha tudo para ser um fracasso. Eu havia tomado chuva o dia inteiro, o trabalho tinha dado errado e eu estava mais de uma hora atrasada para um compromisso. E ainda assim o negócio mudou minha vida. Desliguei completamente do mundo ao redor. Comecei a sentir frio nos pés e calor nas mãos. Enxerguei umas luzes coloridas dentro dos olhos fechados. Pela primeira vez, foquei no aqui e no agora, em vez de deixar a mente viajar. Naquele círculo formado por estranhos, meditei por quase duas horas e me esqueci de que estava na Colômbia, com um trabalho para entregar e atrasada para um jantar. Achei que tinha encontrado o fim do arco-íris.

Nos últimos anos, a meditação ganhou o status de elixir mágico contra Todo o Mal do Planeta. Se levarmos a sério as descobertas científicas, poucas coisas são tão benéficas para o ser humano quanto a meditação[22]. Ela serve para atenuar o estresse, a ansiedade e a depressão; para melhorar a memória, o autocontrole e a criatividade; e até para aumentar a compaixão entre pessoas. Praticada há milênios por budistas e iogues, há diversas maneiras de se aperfeiçoar na arte. A mais conhecida – e testada em laboratório por sua eficácia – é a meditação de atenção plena. Aquele negócio de tentar focar a mente em algo fixo (pode ser uma imagem, uma palavra, um mantra ou a sua própria respiração), reparando no fluxo natural de consciência. É apenas das coisas mais difíceis de serem conquistadas pelo cérebro humano. Duvida? Então experimente focar no ar que entra e sai pelas suas narinas sem dar bola para aquela dor nas costas que você está sentindo porque está tentando manter a posição de lótus ou para aquele cheiro de bife acebolado que está vindo do apartamento da vizinha ou para as contas do mês seguinte que você ainda não sabe como vai pagar. Difícil? Pois é.

Mas não desista ainda. Há diversas formas de se beneficiar da atenção plena – ou mindfulness, em palavra chique gringa –, e nem todas exigem tanto sofrimento. A Universidade Berkeley[23], uma das melhores dos EUA, tem um centro de estudos que se dedica a fazer pesquisas para uma vida melhor e cheia de propósito. Eles investigam a felicidade, a gratidão, a compaixão, a empatia e qualquer outro comportamento que possa ajudar as pessoas a alcançar o "bem maior", em suas palavras. Para eles, o mindfulness faz parte dessas coisas mágicas que podem nos tornar mais felizes: de acordo com um estudo, as pessoas relatam estar com a mente distante e distraída em 47% do tempo[24] – e, durante esse período, também descrevem estar menos felizes. Ou seja, quando estamos atentos e conscientes do que estamos fazendo a cada minuto, ficamos também mais satisfeitos. (Um alô para você que está lendo este livro e pensando no que vai comer no jantar.) Esse mesmo pessoal de Berkeley tem uma série de dicas para você aumentar a sua atenção em pequenas atitudes banais, como caminhar, pensar no seu corpo ou comer uma maçã. A ideia básica é que você não faça nada – nadinha mesmo – sem dedicar a sua consciência total à coisa. Outro preceito importante da atenção plena é ser mais generoso consigo mesmo: em vez de punir ou ignorar ou sofrer com pensamentos negativos, é importante entender que não há coisas "erradas" para pensar, apenas sentimentos genuínos que merecem ser aceitos. Isso tira um peso enorme da mente.

É importante também que a meditação seja treinada. Assim como a felicidade, ninguém nasce sabendo como ficar plenamente consciente. Reparar no fluxo natural de pensamentos, em vez de ser sugado por ele, é muito difícil – mas pode fazer um bem danado. Muitas vezes, é a partir das nossas neuroses e dos nossos pensamentos repetitivos que nascem sensações desagradáveis como estresse, ansiedade ou insônia. Por isso, treine. Fique parado por 10 minutos todos os dias pela manhã. Repita o hábito à exaustão – é preciso ensinar o cérebro a fazê-lo. "Basta respirar conscientemente. Basta sentar em silêncio, na postura correta, para acessar o Eu além do eu. Podemos ter o encontro com a Natureza Buda – que é talvez o que tradições monoteístas chamam de Deus – por meio do silêncio, da meditação profunda e da respiração tranquila. Mas isso requer persistência, paciência e entrega", nos disse a Monja Coen.

UM MICROGUIA DE MEDITAÇÃO

1) Sente-se numa posição confortável, com as pernas cruzadas ou numa cadeira. Mantenha a coluna ereta.

2) Marque no celular o tempo que você deseja ficar em estado meditativo. Isso evita que você fique pensando "será que já deu?".

3) Feche os olhos.

4) Concentre-se nos movimentos da sua respiração, observando a entrada e a saída de ar de suas narinas. Repare como o seu peito se enche a cada inspiração e se esvazia quando o ar vai embora. Para não perder o foco, vale contar as respiradas de 1 a 10.

5) Um mantra pode ajudar. Vale qualquer palavra, frase ou som em que você queira focar – e que você vai repetir indefinidamente.

6) O objetivo não é esvaziar a cabeça, mas observar os pensamentos que vêm e vão, sem se engajar neles. Você se lembrou no meio da meditação que tem um boleto para pagar? Ok, legal, mas volte para a respiração. Faça isso com qualquer coisa que aparecer no cérebro.

CERQUE-SE DE PESSOAS AMADAS

O Grant Study é a maior pesquisa científica sobre a qual você nunca ouviu falar. Na ativa há quase 80 anos, é o maior estudo longitudinal já feito para investigar os fatores que influenciam no bem-estar. A ideia era simples: escolher 268 alunos de Harvard que estavam no segundo ano de faculdade em 1938 e acompanhar as suas vidas inteiras. Os pesquisadores iam de tempos em tempos checar os voluntários, anotando todos os fatores imagináveis: quanto ganhavam, quanto pesavam, se eram casados, se tinham filhos, se bebiam demais, se faziam planos para a aposentadoria, se tinham pressão alta. Tudo. US$ 20 milhões foram gastos na empreitada (um dos participantes, até, era o ex-presidente americano John F. Kennedy). Hoje, apenas 19 voluntários continuam vivos, todos perto dos 100 anos. E os resultados são incontestáveis. Se você quer chegar feliz ao final da vida, precisa se cercar de pessoas e ter diversas relações muito próximas.

De acordo com o Grant Study, fama e dinheiro não são capazes de prever a satisfação pessoal de alguém. Aos 50 anos de idade, dava para prever com mais precisão a saúde dos voluntários a partir do número de relações próximas que eles tinham do que pelos níveis de colesterol do seu sangue. Os analisados que declaravam ter tido uma mãe amorosa durante a infância ganhavam, em média, US$ 7 mil a mais de salário. (Estamos falando de pessoas que já eram ricas desde o começo, é bom lembrar.) Filhos e casamentos satisfatórios contavam mais do que bens ou doenças crônicas.

A conclusão faz sentido. Humanos são animais sociais. Só sobrevivemos aos milênios de Pré-História à mercê de feras terríveis com nossos corpos franzinos porque aprendemos a trabalhar em grupo – e a cuidar um do outro em grupo também. Nosso cérebro é altamente especializado em interpretar emoções alheias e formar conexões com completos desconhecidos. De fato, um estudo da faculdade de medicina de Harvard que analisou 2 mil pessoas concluiu que cada amigo feliz que temos faz com que nos tornemos mais felizes também, por um período de até um ano.

De acordo com o Grant Study, toda forma de amor vale a pena. Cônjuges, irmãos e filhos dão um boost na alegria, mas o senso de comunidade é igualmente importante. Por isso, capriche nos encontros com os amigos, no futebol de quinta-feira ou, se for a sua, na turma do bingo. Eles farão você se levantar feliz da cama todos os dias. George Vaillant, que liderou o Grant Study entre 1972 e 2004, resumiu em uma entrevista à revista *The Atlantic*: "As décadas e os milhões de dólares gastos na pesquisa apontam todos para uma conclusão de apenas cinco palavras. 'Felicidade é amor. Ponto final'".

LISTA DE SONHOS

Por fim, há uma maneira muito eficiente de avaliar se estamos no caminho certo para uma vida melhor: fazer uma lista de sonhos que queremos alcançar na vida. Parece bobagem de adolescente, mas não é. Uma lista de objetivos pode ajudar a priorizar metas, concentrar esforços e diminuir a ansiedade. Se o que você faz na sua rotina não tem relação alguma com os seus sonhos, é hora de repensar sua vida. "A maneira como você passa os seus dias é, no final das contas, a maneira como você passa a sua vida", já disse a escritora norte-americana Annie Dillard. O simples ato de botar no papel os nossos principais desejos para a vida faz com que nos reaproximemos de algo que costuma sair de foco na rotina: o sentido que queremos dar para a nossa vida. O sentido da vida é individual para cada pessoa e cada indivíduo tem a sua própria receita, mas é difícil se lembrar disso quando convivemos com tantas pessoas conquistando tantas coisas diferentes o tempo todo – e o Facebook e o Instagram são cruéis na hora de esfregar na nossa cara isso tudo.

A lista de sonhos faz com que nos conheçamos melhor e não caiamos nas armadilhas das expectativas alheias. Por que nos sentimos frustrados ao ver nosso colega de trabalho comprando um carrão novo se nossa meta era usar o dinheiro para viajar duas vezes ao ano? Ou por que nos sentimos diminuídos com a promoção do nosso amigo de Facebook se nosso foco era organizar o casamento dos sonhos com o amor da nossa vida? Quando nos conhecemos a fundo, enxergamos com mais clareza o caminho que queremos trilhar. Ou, como diz um ditado surrupiado do documentário brasileiro *Eu Maior*, "Nenhum vento é favorável ao marinheiro que não sabe para onde vai."

Como personagens de um dos livros de Nick Hornby, eu e o Fred botamos a mão na massa para elaborar nossas listas, ainda em 2012. Foi divertido juntar todos os sonhos da vida em um só lugar. Incluímos desde coisas imediatas até grandes metas (casar, ter filhos), passando por sonhos praticamente impossíveis. Quando sentamos para enumerar as metas, Fred se lembrou da primeira vez que fez uma dessas listas, poucos anos antes, e incluiu o sonho de conhecer países distantes e morar fora do Brasil. Percebeu que elas eram incompatíveis com o pânico de avião que sentia cada vez que pensava em viajar. Assim, deparou-se com uma das maiores questões a respeito dos sonhos: é melhor arriscar atrás deles ou se esconder na segurança da rotina? (Ou, como escreveu o jornalista norte-americano Hunter S. Thompson, "flutuar com a maré ou nadar em direção ao seu objetivo"?) Quando Fred viu isso, percebeu que era melhor enfrentar o medo de frente. Foi o que possibilitou nosso sabático, inclusive.

Pensando nisso, chegamos às nossas listinhas de sonhos – que, na verdade, são listonas. Eis os 10 primeiros para cada um de nós em 2012.

10 METAS/SONHOS PARA REALIZAR ANTES DE MORRER - FRED

1. Casar
2. Ter filhos
3. Publicar um romance
4. Pedir demissão
5. Tirar um ano sabático
6. Morar fora do Brasil
7. Perder o medo de avião
8. Melhorar meu inglês
9. Gravar um disco
10. Encontrar um trabalho que tenha impacto social

> **10 METAS/SONHOS PARA REALIZAR ANTES DE MORRER – KARIN**
>
> 1. Ter filhos
> 2. Arrumar a casa dos sonhos
> 3. Morar em Berlim
> 4. Ser menos ansiosa
> 5. Publicar um livro
> 6. Trabalhar de casa
> 7. Dirigir menos
> 8. Conhecer Tailândia, Vietnã e Camboja
> 9. Aprender a pintar
> 10. Meditar

A lista foi feita muito antes de pedirmos demissão para tirar um ano sabático. Ela também consistia em muito mais itens do que esses primeiros 10 – cada uma reunia dezenas de sonhos pequenos e grandes. Mas a melhor parte foi constatar, quando olhamos para ela depois de mudar para Berlim, que já podíamos riscar vários itens. Vimos que havíamos chegado mais perto dos nossos objetivos. O Fred 1) se casou, 2) pediu demissão, 3) tirou um ano sabático, 4) morou fora do Brasil, 5) perdeu (um pouco) o medo de avião e 6) melhorou seu inglês, entre muitos outros. Eu 1) morei em Berlim, 2) publiquei um livro, 3) trabalhei de casa, 4) dirigi menos, 5) conheci a Tailândia, o Vietnã e o Camboja e 6) comecei a meditar. Cada um de nós conseguiu riscar pelo menos uns 10 itens de sua listona, o que indicava que, mesmo que os caminhos parecessem tortuosos (pedir demissão do trabalho/ voltar para o mesmo trabalho depois), eles não foram em vão. Isso deu um alívio sem tamanho e as coisas voltaram a fazer sentido.

Assim, pude fazer as pazes com o fato de termos voltado para São Paulo – e também para o nosso emprego. Não foi um caminho errático, estamos nos aproximando dos grandes sonhos. Procuro agora aplicar o conhecimento de um ano de pesquisa na nossa rotina. Das pequenas coisas às grandes. A primeira medida que tomei foi adaptar alguns hábitos que havíamos aprendido na Alemanha à realidade do Brasil. Outros hábitos de antes voltaram: cada lugar tem seu sistema, afinal. Aí o jeito é tentar mudar o que está internalizado: meditar, reconhecer os pequenos prazeres da vida, olhar os outros com gentileza, agradecer por tudo o que temos. Não tem como dar errado.

epílogo

SEIS CONSELHOS PRÁTICOS PARA UMA VIDA MAIS PLENA

FRED

No livro *Sidarta*, de Herman Hesse, o protagonista é um jovem indiano, contemporâneo de Buda, que busca a iluminação. Ele aprende que, para ser feliz, precisa desapegar-se e focar no presente, mas cai em tentação diversas vezes. Ao longo de sua vida, Sidarta alterna momentos serenos em que larga tudo para viver como eremita no mato com outros em que se perde em excessos e desfruta de uma vida luxuosa como comerciante bem-sucedido, ao lado da mais sedutora cortesã da cidade. É uma bela parábola sobre a vida. Nunca vamos atingir a perfeição. Somos seres imperfeitos, contudo é importante que busquemos sempre ser pessoas melhores. Como disse o escritor uruguaio Eduardo Galeano: "a utopia serve para nos fazer seguir caminhando".

Como numa versão latino-americana e menos inspirada de Sidarta, minha vida pós-sabático tem sido um grande alternar de serenidade com voltas à loucura do cotidiano. Um ano fora da "Matrix" foi fundamental para que eu repensasse minha vida e vivenciasse diversas experiências novas. Eu e a Karin aprendemos muitas coisas também. Gostaria de lembrar aqui seis dicas práticas que já citamos ao longo deste livro, mas que valem a pena serem fixadas. Gostaria também de compartilhar com nossos leitores uma reflexão sobre objetivos e metas feita pelo jornalista Hunter S. Thompson – autor dos livros *Hell's Angels* e *Medo e delírio em Las Vegas*:

"A tragédia da vida é que procuramos entender o objetivo e não o homem. Nós definimos um objetivo que exige certas coisas para ser atingido; e nós as fazemos. Ajustamo-nos às exigências de um conceito que não pode ser válido. Quando você era jovem, digamos que você quisesse ser um bombeiro. Eu me sinto razoavelmente seguro em dizer que você não quer mais ser um bombeiro. Por quê? Porque sua perspectiva mudou. Não foi o bombeiro que mudou, mas você. Todo homem é resultado da soma das suas reações a experiências. Como suas experiências diferem e multiplicam, você se torna um homem diferente e, consequentemente, sua perspectiva muda. E isto segue para sempre. Cada reação é um processo de aprendizado; cada experiência significativa altera sua perspectiva."

É interessante – e muito realista – o que Thompson diz sobre objetivos. Talvez você faça sua lista de metas (sugerida no capítulo 6) e nunca as cumpra. Talvez esta lista só sirva para você repensar sua vida ou, quem sabe, para que você mude seu estilo de viver. Talvez essa lista ajude você a voltar a sonhar e a acreditar que existe mais na existência do que seguir um caminho que foi previamente definido. Se nenhum dos caminhos que lhe apresentaram para seguir parece fazer sentido, crie um novo. "Se você chegar numa encruzilhada e se deparar com dois caminhos, escolha o caminho menos percorrido", ensinava o cantor Chico Science. O que é importante é não se martirizar porque os planos traçados mudaram. Não existe um caminho único para a felicidade.

Depois de um belo ano de aventuras, estou de volta ao caos de São Paulo. Quando estava na Alemanha, muita gente me perguntava se eu achava que esse ano fora do mercado atrapalharia minha carreira. Eu tinha certeza de que a experiência transformara minha vida pessoal, mas, em relação ao trabalho, não fazia a mínima ideia de qual seria a resposta. No entanto, sentia que todo o interesse despertado pelo projeto já o fizera valer a pena. Bom, assim que voltamos ao Brasil, eu e a Karin recebemos propostas para ganhar mais, escrever um livro e dar workshops e palestras. Talvez isso significasse voltar para um caminho que tínhamos abandonado. Talvez fosse apenas um atalho para uma nova vida. Quem sabe? Mesmo que nunca mais conseguíssemos vivenciar o que tivemos antes, ninguém poderia nos tirar as experiências que vivemos ao longo daquele ano. O pôr do sol no templo de Angkor Wat, no Camboja; o bate-papo com universitários vietnamitas numa calçada encardida de Ho Chi Min; saborear uma deliciosa cerveja alemã às margens do rio, em Kreuzberg. Os sonhos que tivemos lá talvez não se realizem. O choque com a realidade, quando chegamos ao Brasil, foi grande – mas os choques e as adversidades não fazem parte da vida? Será que a felicidade só é possível quando alguém se exila em outro país – longe dos problemas antigos, das questões familiares e da pobreza da sua terra natal? Dificilmente.

A FELICIDADE NÃO ESTÁ LÁ FORA

Uma vida feliz é direito de todos. De quem pode dar uma volta ao mundo e de quem não tem dinheiro para comprar o bilhete de ônibus. Felicidade não é um luxo, não é frescura. "Largar tudo" não é fugir. Não é criar uma nova moda. Não é criar um estilo de vida tão elitista quanto a área VIP das baladas do Rei do Camarote. É acordar um belo dia, como o Neo de *Matrix*, e perceber que tem alguma coisa errada com o jeito que ensinaram que sua vida deveria ser. Que tinha algo errado quando falaram a você que a felicidade pode ser comprada.

Não aceite nunca que empurrem uma fórmula para a felicidade. Procure se compreender e compreender o que faz você infeliz. (Sim, sim, "Conhece-te a ti mesmo", Sócrates.) Leia, pesquise, reflita e encontre seu caminho. Um caminho de equilíbrio em que momentos de felicidade serão abundantes, mas no qual também haverá espaço para a dor, a angústia e a tristeza. O mundo é duro. Mas "o que a vida quer da gente é coragem", ensinava Guimarães Rosa.

MANUAL PRÁTICO PARA UMA VIDA MAIS PLENA

Por fim, gostaríamos de relembrar seis dicas práticas para a felicidade. Se ao terminar de ler este livro você guardar pelo menos esses insights, a leitura já terá valido a pena.

1. A FELICIDADE É O CAMINHO. Ela não é algo que você alcança e pronto. É uma busca e uma prática diárias. Metas práticas perdem a graça rapidinho.

2. O AUTOCONHECIMENTO É A MELHOR FERRAMENTA PARA ENCONTRAR A

FELICIDADE. Pense, leia, reflita e descubra quem é você e quais são seus sonhos e não se paute pelos desejos dos outros. A psicologia também pode ajudar muito a descobrir qual é a nossa fórmula individual para ter felicidade e plenitude.

3. FAZER PARTE DE UMA COMUNIDADE FACILITA A VIDA. Um dos maiores estudos psicológicos já feitos mostra que quem está cercado de pessoas queridas e amadas chega ao final da vida mais feliz e realizado[25]. E quem duvida de que o amor é importante?

4. DINHEIRO TRAZ FELICIDADE, PORÉM SÓ ATÉ CERTO PONTO. Um estudo da Universidade de Princeton mostrou que as pessoas que têm dinheiro para uma vida confortável e segura tendem a ser mais felizes que a média. No entanto, milionários e ricaços não são mais felizes que essas pessoas.

5. FAÇA! O principal arrependimento dos doentes terminais são as coisas que eles não fizeram. Mesmo que as condições não estiverem ideais, é melhor tentar realizar um grande sonho do que morrer na praia. Declare seu amor a quem você ama, viaje, exija seus direitos, abra sua empresa, crie seus filhos para serem pessoas melhores e mais éticas que você.

6. ACEITE. Quando acontecerem coisas ruins sobre as quais você realmente não tiver controle, aceite e passe para a próxima. Em um universo infinito, onde somos poeira de estrelas transformadas em milagrosos seres pensantes, aceitar é preciso.

apêndice
MINIMANUAL PARA UM ANO SABÁTICO

SABÁTICO PARA QUÊ?

No primeiro capítulo deste livro explicamos o que é um ano sabático, qual a origem desse termo e por que pode ser bom dar uma parada no meio da carreira para respirar novos ares. Uma coisa que faltou dizer é que existem duas maneiras de enxergar um sabático. Originalmente, este é um momento de descanso para a terra e para o trabalhador depois de 6 anos de labuta pesada. Ele não deveria ter outro objetivo que não descansar. No entanto, como se percebeu que o sabático ajuda a aumentar o rendimento e a criatividade dos funcionários, ele passou a ser visto como parte da política interna de muitas empresas e como algo bem-visto por headhunters e gestores de RH.

Geralmente, esses profissionais recomendam que a pessoa use seu sabático para aprender algo e se desenvolver: estudar uma língua nova, fazer trabalho voluntário, fazer um mestrado, escrever um livro etc. Isso é válido? Sim, de certa maneira foi o que fizemos quando partimos em nossa viagem. Foi no ano sabático que criamos o Glück Project, para o qual fizemos nossas pesquisas sobre a felicidade. Por consequênia, conseguimos uma repercussão que nos ajudou a nos reposicionar em cargos melhores quando voltamos ao Brasil. Mas isso não foi, e nem precisa ser, planejado. É o que a jornalista e mochileira Luiza Antunes, do blog 360 Meridianos, defende em um de seus textos: "Acho estranho que um profissional de RH questione quem tira um sabático como fuga de responsabilidades, como se isso fosse algo ruim. Tirar um ano de folga da sua vida não significa necessariamente estar de folga. Mas se a ideia é que você descanse a cabeça e repense sua vida, qual a lógica de planejar tão meticulosamente seus dias de descanso?"

Tanto existem empresas que adotam o sabático em suas políticas internas que existe a possibilidade de você voltar para a mesma empresa quando acabar o seu tempo de folga. O Denis Burgierman, ex-chefe da Karin e ex-diretor da revista *Superinteressante*, passou um ano estudando na Universidade de Stanford, na Califórnia, e mantendo seu cargo na Editora Abril, numa licença não remunerada. Quando ele voltou, ficou mais um ano por lá até decidir sair de vez. Se voltar para o seu velho emprego é sua intenção, cheque com seu chefe a possibilidade antes de pedir as contas e não se esqueça de não queimar seu filme nos seus últimos dias na firma.

1. TRABALHE A SUA CABEÇA

A pior parte de tirar um sabático é o tempo gasto pensando nele. É o primeiro passo, muito antes de colocar a mão na massa. São aqueles meses em que passamos pensando que gostaríamos de tirar um tempo longe da rotina, mas em que não sabemos se teremos coragem para isso. Todo mundo tem vontade de fazer algo diferente, mas os impeditivos parecem ser muito grandes. Tudo se torna difícil dentro da nossa cabeça. E se eu pedir demissão para virar artista e não der certo? E se eu torrar todo o meu dinheiro? E se eu viajar e não conseguir um emprego na volta? E como eu vou pagar a minha aposentadoria?

Todas essas dúvidas são importantíssimas, por isso o primeiro passo é se perguntar se você consegue viver sem conseguir responder a todas elas o tempo inteiro. Repare que não estamos falando de problemas concretos – são especulações ainda; estão na condicional. De fato, é impossível saber o que vai acontecer quando nos jogamos no escuro. A questão é perceber se você prefere ficar com a vida que já conhece – ou se a sua vontade de tirar um sabático é maior. Nenhuma opção é melhor do que a outra.

Mas lembre-se de que os problemas dentro da nossa cabeça são poderosíssimos na hora de nos boicotar. Muitos dos questionamentos que podem surgir nessa fase são fruto da nossa fantasia – não têm nenhuma relação com a realidade. A maior parte das pessoas desiste de tentar algo novo justamente nessa hora, muito antes de os problemas de fato aparecerem. Pode ser uma decisão sábia – mas também pode ser que não seja. Para lidar melhor com as minhocas da nossa cabeça, o melhor remédio é o próximo passo: planejamento.

2. ORGANIZE-SE

O maior medo que tivemos quando pensamos em tirar um ano sabático foi dinheiro. Quanto gastaríamos, como faríamos para juntar o dinheiro, como faríamos quando voltássemos ao Brasil... Já ficou ansioso? Calma, comece pelo princípio e responda às perguntas:

1) Que atividades você pretende fazer durante seu sabático?

2) Onde ele vai acontecer?

3) Quanto tempo ele vai durar?

4) Quanto você vai precisar juntar para embarcar nessa jornada?

5) Como se preparar para ter uma volta sem grandes solavancos?

Agora vamos abordar cada um dos passos do seu planejamento.

3. DETERMINE O SEU OBJETIVO

Qual o objetivo do seu ano sabático?
( ) Descansar
( ) Mestrado/Doutorado/Graduação
( ) Dar a volta ao mundo
( ) Inventar uma nova carreira
( ) Morar fora
( ) Aprender uma nova língua
( ) Ter tempo para repensar a vida
( ) Beber até cair

Planejar o que você sonha fazer e como você vai investir seu tempo nesse sonho ajuda no cálculo do tempo e do dinheiro de que você vai precisar.

Para ajudar, já deixamos um espacinho abaixo para você pensar seus 3 objetivos principais no seu período sabático.

> **OS 3 OBJETIVOS DO SEU SABÁTICO**
>
> 1) Não abro mão disso
> 2) Quero isso
> 3) Se rolar, legal

4. ESCOLHA O QUARTEL-GERAL DO SEU SABÁTICO

A Karin sempre sonhou morar na cidade de onde seu avô saiu, Berlim, e eu gostaria muito de poder conhecer a Europa e o Vietnã algum dia. Na nossa lista de coisas que gostaríamos de fazer antes de morrer estava visitar alguns dos países que conhecemos no nosso ano sabático. Mas tem gente que prefere tirar um tempo para pensar perto dos amigos e da família – e nem cogita sair de casa. Outras pessoas usam o sabático para inventar uma nova carreira para si. Nesses casos, é melhor ficar nas regiões com mais oportunidades. Se você for estudar, por exemplo, é a instituição que vai determinar onde você vai ficar. De acordo com as atividades que você pretende realizar, dá para pensar onde seu sabático vai acontecer.

Se viajar for uma parte imprescindível do seu sabático, é bom também priorizar o seu roteiro de viagens.

5 lugares para conhecer antes de o dinheiro acabar

1) _____
2) _____
3) _____
4) _____
5) _____

5. DETERMINE SEU TEMPO DE DURAÇÃO

Tradicionalmente o sabático dura um ano. Foi o que nós fizemos. Mas existem muitas variáveis: 2 anos, 6 meses ou até um mês, como fez o publicitário Guilherme Turri. Guilherme pediu a conta do emprego onde trabalhava como consultor de marcas para passar um mês na Chapada Diamantina repensando sua vocação profissional. Depois desse período, sua decisão foi seguir na área, mas trabalhando como autônomo. Guilherme contou pra gente que não chama esse período de um sabático, mas sim de "férias para repensar". O objetivo, no entanto, era o mesmo. O que mudou foi o tempo e o investimento.

6. FAÇA AS CONTAS

No ano sabático clássico, as pessoas não trabalham. Elas reúnem dinheiro suficiente para viver (sem passar perrengue) por um tempo determinado longe do trabalho. Conhecemos muita gente em Berlim que estava fazendo isso para bancar os estudos. Meu ex-chefe, por exemplo, fez isso para cursar um ano de mestrado em Londres. Nossos planos iniciais eram ficar 6 meses trabalhando e 6 meses (de volta ao Brasil) tentando nos organizar como autônomos para não precisarmos mais trabalhar em empregos fixos. Como optamos por ficar um ano todo em Berlim, na segunda parte do nosso sabático pegamos trabalhos como freelancers o suficiente pra zerar as contas.

Novamente aqui a variação de valores é grande. Para passar um mês na Chapada Diamantina, sem se privar de gastos como lazer, o Guilherme Turri gastou 3 mil reais. Se o seu plano for morar na Austrália, o valor vai ser consideravelmente maior. Por isso, o importante é fazer as contas com os dados mais realistas ao seu alcance. Decida onde vai ficar antes de calcular os gastos. Converse com pessoas que estão morando lá, entre em comunidades no Facebook, simule o valor do aluguel em sites de imóveis. Descubra quanto custa um prato de comida em um restaurante simples. Pergunte para alguém quanto ele gasta em supermercados por mês. Qualquer outra coisa será mera especulação.

TABELA DE GASTOS MENSAIS

Hospedagem

Transporte

Alimentação

Seguro de saúde

Celular

Diversão

TOTAL POR MÊS:

Definidas suas metas, verifique os custos de alojamento, alimentação, lazer e transporte na cidade onde você vai morar. Se você for estudar, veja quanto tempo e qual o custo do seu curso. Alguns sites, como Vira Volta (http://projetoviravolta.com/), Price of Travel (https://www.priceoftravel.com/world-cities-by-price-backpacker-index/), Expatisan (http://www.expatistan.com/cost-of-living) e World Nomads (http://www.worldnomads.com/), podem te ajudar a calcular o valor de vida em cada cidade do mundo.

7. COMECE A ECONOMIZAR

Tem gente que consegue se jogar no mundo apenas com a cara e com a coragem. Nós não somos esse tipo de gente. Esse é o limite que traçamos para nós mesmos: se quisermos mesmo ficar um tempo sem trabalhar, vamos precisar ter um montante de saída, juntar alguma coisa antes de partir. Sentimos que, sem isso, passaríamos muito estresse e ansiedade – o que ia acabar minando o objetivo do sabático.

Mas como descolar a grana? Bom, você pode ir juntando dinheiro ao longo dos anos (e para isso eu já vi gente vendendo carro, casa e o que tinha dentro da casa), investir em aplicações bancárias (se você é desses que manjam de investimentos) ou considerar trabalhar no seu período sabático. Um site legal é o Helpx, uma comunidade em que você troca algumas horas de trabalho por acomodação. Se você estiver pensando em outro tipo de trabalho, existem vagas de voluntariado ao redor do globo no Worldpackers.

Para isso, começamos a economizar antes de ir. Juntamos aqui algumas opções de como fazer economia.

> **COMO JUNTAR A SUA GRANA:**
> - não more sozinho; fique um tempo com seus pais ou alugue um quarto em uma república;
> - leve marmita para o trabalho;
> - encontre os amigos em casa, não no bar;
> - corte o cafezinho;
> - não compre supérfluos, como roupas, tênis etc.;
> - pegue livros, filmes, séries emprestados;
> - aposente o cartão de crédito.

8. PREPARE-SE PARA A VOLTA

Somos uma sociedade que teme o fim. Nos preparamos e fazemos cursos para o parto, mas pouco nos preparamos para a morte. O mesmo vale para o fim do sabático. Geralmente todos os sites nos enchem de dicas de como calcular nossos gastos e como planejar nossas atividades incríveis, mas poucos falam sobre a volta. Voltar para a realidade pode ser difícil depois de meses em um "universo paralelo". Como retornar à rotina sem mergulhar numa piscina de frustração e ansiedade? O ideal é:

1) Calcule uma reserva de dinheiro: estime, em cima dos seus gastos mensais, quanto tempo você pode ficar sem se endividar na volta. Pergunte se você pode ficar por um tempo na casa de algum familiar ou amigo, enquanto procura trabalho. Ter uma reserva para voltar é essencial para não começar a sofrer de ansiedade assim que a vida real bater à porta.

2) Avise as pessoas à sua volta: se a sua ideia é se reposicionar no mercado de trabalho, o ideal é que o maior número de pessoas saiba que você está voltando para ficar. Quanto mais gente antenada, maiores as chances de pintar algum trabalho.

3) Prepare-se para enfrentar frustrações: nem tudo vai rolar do jeito que você planejou – e o principal: o mundo real nunca vai ser tão único/especial/legal quanto o tempo que você passou longe dele. Não encare cada contratempo como uma derrota pessoal. Entenda que nem todos os caminhos são lineares e que às vezes é preciso dar um passo para trás antes de voltar a seguir em frente.

4) Ouça sua experiência: você vai voltar diferente do seu sabático. Talvez no meio do caminho você perceba que quer estendê-lo, e vale considerar essa possibilidade. Talvez você perceba que quer mudar sua velha vida e adotar práticas que aprendeu durante o período de descanso. Ou talvez você queira abrir seu próprio negócio e/ou mudar de carreira. Não seguir seu coração pode deixá-lo deprimido. Por isso, é interessante planejar a volta considerando a pessoa que você se tornou em sua jornada e não se obrigando a seguir, cegamente, o que havia sido planejado pela pessoa que embarcou na viagem.

agradecimentos

GLÜCK

A Elton Peetz, Allyson Kitamura e Daniel Apolinario (que nos ajudaram a colocar e manter o site do Glück no ar sem ganhar um tostão por isso). Aos entrevistados Monja Cohen, Leonardo Boff, DJ KL Jay, Otavio Dutra, Waldemar Magali, Laerte, Daniela Pucci, Suely Torres, Fernanda Neute e Poka Nascimento, por compartilharem seu conhecimento e história conosco. A todos os leitores e os apoiadores do Glück. Às ilustradoras Vanessa Kinoshita, Renata Miwa, Laura Salaberry, Mari Coan, Aline Jorge, Renata Lacerda e Ale Kalko, que embelezaram os textos digitais do Glück. A Alexandre Versignassi, Otavio Cohen, Eduardo Carli de Moraes e André Toso, que escreveram textos para o site. A Sabine

Hueck, Sergio Costa, Yara e Iraê, pela hospitalidade ao longo do ano em Berlim. Aos amigos "berlinenses" Agnés, Albert, André Mourão, Roseli, Tom, Lukas, Ju, Catharina, Alex, Fefe, Flavia, Marcos, Florian Bolk, Kenski, Jules, Nico, Renata, Melina e Christian. A Hamilton dos Santos e a Adriano Silva, pelos contatos com as editoras. A todos os jornalistas, blogueiros, estudantes, revistas, jornais e canais de TV que divulgaram o Glück. A Tiago Van Deursen e Diego Bravo, da banda mais feliz do mundo, pela paciência em nos esperar voltar.

FRED

A minha companheira, parceira e amor, Karin Hueck (obrigado por me meter nessa). Aos meus pais, Jader Rocha e Cecilia Di Giacomo; a meus irmãos, Gabriel e Marina; e a meus avós, Josemir, Hermínia (em memória), Quita (em memória) e Fausto (em memória). Ao Eduardo Lacerda, por ter lançado meu primeiro livro, Canções para ninar adultos. *Ao Marcão, Fausto, Felipão, Van Deursen, Rodrigo Lobo, Tatu, Titi, Laura Massunari, Bravo, Tiago e a mais meia dúzia por estarem aí há tantos anos.*

KARIN

Ao Fred, pelo amor e pela parceria de sempre. Agradeço a meus pais, Célia e Martin, e a meu irmão e a minha cunhada, Mathias e Loly, por me mostrarem que o mundo é grande. A meus avós, Dulce, Manuel, Gerda e Helmut, por continuarem firmes e fortes ao meu lado. Sou grata a meus amigos por me darem raízes. Aos livros, por me darem asas.

lista de leituras

Estas são algumas das fontes de pesquisa que usamos para o Glück Project. Fomos bem abertos em nossa investigação; a lista inclui desde best-sellers até clássicos da psicologia e da filosofia. Esperamos que estes livros ajudem você a trilhar seu próprio caminho para uma vida mais plena e feliz.

ARISTÓTELES. *Ética a Nicômaco*. 2ª ed. Rio de Janeiro: Forense, 2017.

ARMSTRONG, K. *A Short History of Myth*. 1st ed. Edimburgh: Canongate, 2005.

BEAUVOIR, S. de. *O segundo sexo*. 1ª ed. Rio de Janeiro: Nova Fronteira, 2016.

BOTTON, A. de. *A arte de viajar*. 1ª ed. Rio de Janeiro: Intrínseca, 2012.

BOTTON, A. de. *Religião para ateus*. 1ª ed. Rio de Janeiro: Intrínseca, 2011.

CAMPBELL, J. *O poder do mito*. 25ª ed. São Paulo: Palas Athena, 1990.

COMTE–SPONVILLE, A. *A felicidade desesperadamente*. 2ª ed. São Paulo: Martins Fontes, 2015.

DE MASI, D. *O ócio criativo*. 2ª ed. Rio de Janeiro: Sextante, 2000.

EPICURO. *Carta sobre a felicidade* (a Meneceu). 3ª ed. São Paulo: Unesp, 1999.

FREYRE, G. *Casa-grande & senzala*. 9ª ed. São Paulo: Global, 2012.

FREUD, S. *O mal-estar na cultura*. Porto Alegre: L&PM, 2010.

GLADWELL, M. *Fora de série* ("Outliers"). 1ª ed. Rio de Janeiro: Sextante, 2008.

HERRIGEL, E. *A arte cavalheiresca do arqueiro zen*. 1ª ed. São Paulo: Pensamento, 1984.

HOLANDA, S. B de. *Raízes do Brasil*. São Paulo: Companhia das Letras, 2015.

JULY, M. *O escolhido foi você*. 1ª ed. São Paulo: Companhia das Letras, 2013.

JUNG, C. *O homem e seus símbolos*. 2ª ed. Rio de Janeiro: HarperCollins Brasil, 2016.

KEROUAC, J. *On the road* (Pé na estrada). 1ª ed. Porto Alegre: L&PM, 2004.

KRZNARIC, R. *Como encontrar o trabalho da sua vida*. 1ª ed. Rio de Janeiro: Objetiva, 2012.

KLEON, A. *Roube como um artista*. 1ª ed. Rio de Janeiro: Rocco, 2013.

LAFARGUE, P. *O direito à preguiça*. 1ª ed. São Paulo: Edipro, 2016.

LAOZI. *Tao Te Ching*. 5ª ed. São Paulo: Martin Claret, 2013.

MONTAIGNE, M. de. *Os ensaios*. 1ª ed. São Paulo: Companhia das Letras, 2010.

MILLER, H. *Trópico de Câncer*. Rio de Janeiro: José Olympio, 2017.

NIETZSCHE, F. *Assim falou Zaratustra*. 1ª ed. São Paulo: Martin Claret, 2012.

PINKER, S. *Os anjos bons da nossa natureza: por que a violência diminuiu*. 1ª ed. São Paulo: Companhia das Letras, 2017.

PIRSIG, R. M. *Zen e a arte da manutenção de motocicletas*. 3ª ed. São Paulo: WMF Martins Fontes, 2015.

PLATÃO. *A república*. 1ª ed. São Paulo: Martin Claret, 2002.

RUBIN, G. *The Happiness Project*. 1st ed. New York: HarperCollins, 2009.

RUSSEL, B. *Elogio ao ócio*. 1ª ed. Rio de Janeiro: Sextante, 2002.

RUSSEL, B. *No que acredito*. Porto Alegre: L&PM, 2007.

SÊNECA. *Da vida feliz*. 2ª ed. São Paulo: WMF Martins Fontes, 2009.

SINKER, D. *Não devemos nada a você*. São Bernardo do Campo: Edições ideal, 2009.

notas

1
http://saude.estadao.com.br/noticias/geral,brasil-tem-maior-taxa-de-transtorno-de-ansiedade-do-mundo-diz-oms,70001677247

2
http://www.jstor.org/stable/40222893?seq=1#page_scan_tab_contents

3
http://www.forbes.com/sites/davidyin/2013/12/19/out-of-israel-into-the-world/.

4
http://www.ozy.com/good-sht/taking-an-adult-gap-year/38026.

5
Reboot Your Life: http://www.amazon.com/Reboot-Your-Life-Energize-Career/dp/0825305640.

6

http://www.ted.com/talks/pico_iyer_where_is_home/transcript?language=en.

7

http://elitedaily.com/life/culture/wanderlust–gene–peo¬ple–born–travel/953464/?utm_source=huffingtonpost.com&utm_medium=referral&utm_campaign=pubexchange

8

https://super.abril.com.br/cultura/berlim-a-cidade-mais-legal--do-mundo/

9

http://www.visitberlin.de/en/see/sightseeing/green–berlin

10

http://www.opp.eu.com/SiteCollectionDocuments/pdfs/dream–research.pd.

11

http://www.princeton.edu/~deaton/downloads/deaton_kah--neman_high_income_improves_evaluation_August2010.pdf.

12

https://www.ted.com/talks/richard_wilkinson.

13

http://www.ted.com/talks/mihaly_csikszentmihalyi_on_flow?language=en.

14

http://www.fastcoexist.com/3019617/how–failure–is–one–of–the–most–important–factors–in–success.

15

http://www.amazon.com/The–Emotional–Life–Your–Brain/dp/150123287.

16

http://gladwell.com/outliers/the–10000–hour–rule/.

17

http://www.brainpickings.org/2013/09/23/george–eliot–happiness/.

18

http://www.nytimes.com/2013/12/15/opinion/sunday/a–formula–for–happiness.html?_r=0.

19

http://www.ted.com/talks/shawn_achor_the_happy_se-cret_to_better_work/transcript?language=en.

20

http://www.ted.com/talks/shawn_achor_the_happy_se-cret_to_better_work/transcript?language=en.

21

http://www.ted.com/talks/shawn_achor_the_happy_se-cret_to_better_work/transcript?language=en.

22

http://www.huffingtonpost.com/2013/04/08/mindfulness-meditation-benefits-health_n_3016045.html.

23

http://greatergood.berkeley.edu/.

24

http://news.harvard.edu/gazette/story/2010/11/wandering-mind-not-a-happy-mind/.

25

http://www.theatlantic.com/magazine/archive/2009/06/what-makes-us-happy/307439/.

Este livro foi composto na tipografia Adobe Garamond Pro,
em corpo 12/15,4, e impresso em papel off-white no Sistema
Cameron da Divisão Gráfica da Distribuidora Record.